CENT VINGT-HUIT POÈMES
COMPOSÉS EN LANGUE FRANÇAISE
DE GUILLAUME APOLLINAIRE À 1968

Choix de Jacques Roubaud

JACQUES ROUBAUD

Cent vingt-huit poèmes composés en langue française de Guillaume Apollinaire à 1968

*Une anthologie
de poésie contemporaine*

Ouvrage publié avec le concours
du Centre national du livre

GALLIMARD

PRÉSENTATION

Ce choix est une boîte de chocolats poétiques. Chaque poète remplit une ou plusieurs bouchées. Si la saveur est agréable, on pourra choisir, dans la liste de lectures proposées à la fin du livre, de faire plus ample connaissance avec un auteur.

Il s'est écrit beaucoup de poésie en langue française dans ce siècle. Beaucoup de belle et bonne poésie (comme de la très mauvaise, heureusement — conseil : lire aussi de la mauvaise poésie) ; il y a eu de la poésie drôle, terrible, bizarre, simple, difficile, énigmatique, violente, calme, rapide, lente ; rimée, non rimée, comptée ou non. Certains de ces poèmes ont été écrits par des débutants, d'autres par des vieillards. Certains ont été écrits par amour, pour l'amour, par désamour ; dans la joie, dans le deuil ; dans une prison nazie, comme le sonnet de Jean Cassou ; près d'une mort par cancer, comme les deux derniers poèmes de Dadelsen. Il y a eu toutes sortes de poètes dans ce siècle. Chacun a sa voix propre, qui ne ressemble à aucune autre. Cela fait beaucoup de voix. J'ai voulu en présenter beaucoup.

Faire tenir ensemble un échantillon, aussi varié que possible mais pas trop cacophonique, de ces voix dans très peu de pages est une difficulté qui impose des restrictions.

La première contrainte est simple : pas de poème long. *On ne trouvera donc ici ni* La Chanson du Mal-Aimé *d'Apollinaire ni la* Petite cosmogonie portative *de Raymond Queneau, par exemple.*

La deuxième contrainte est temporelle. *Le choix, comme le titre l'indique, commence un peu avant 1914, avec un poème assez célèbre d'*Alcools, Le pont Mirabeau, *sous lequel coule la Seine. Il s'achève en 1968. Le dernier poème, dont le titre est* Cortège *(il y a un poème du même titre dans* Alcools*), n'est paru qu'en 1971 en livre, mais avait été publié trois ans auparavant dans la revue* Siècle à mains. *On remarquera certainement que c'est le seul poème écrit par une femme. C'est comme ça. Pour employer une autre métaphore que celle de la boîte de chocolats, la restriction temporelle permet de couper l'omelette poétique aux deux bouts : il y a des poètes qui ont écrit après Apollinaire, mais dont les œuvres les plus significatives sont antérieures (à mon jugement) ; d'autres qui ont commencé avant 1968 mais qui appartiennent (toujours à mon jugement) à la période suivante.*

Commencer avec Apollinaire permet de souligner l'immense influence que ce poète a eue sur ses successeurs.

S'arrêter en 1968 désigne :

*— D'une part que cette date, qui n'est pas directement un événement de l'histoire de la poésie, comme le fut la publication d'*Alcools, *l'est indirectement, parce que c'est bien à ce moment que la question de la survie de la poésie dans le monde contemporain se pose, et n'a pas cessé depuis de se poser, d'une manière de plus en plus aiguë.*

— D'autre part que le quart de siècle, et plus, qui nous en sépare aujourd'hui est une durée suffisante pour assurer

que les poèmes qui précèdent ont fait un chemin suffisamment long dans les têtes pour entrer dans la mémoire de poésie de leur langue, la langue française. Ils appartiennent donc déjà au passé de la poésie. Mais la poésie ne serait rien, ne survivrait pas, si les poèmes du passé n'étaient pas lus comme présents. Le passé d'une poésie fait partie de son futur. Je suppose que bien des lecteurs de ce livre seront des apprentis compositeurs de poésie. Je pense que mieux on connaît la poésie qui fut, mieux, poétiquement, on se porte.

Une troisième contrainte est géographique *(un moyen et trois autres de limiter le champ des prélèvements).*

– Les auteurs cités écrivent dans la version dialectale européenne de la langue française.

– On ne trouvera pas non plus de poésie traduite.

– On ne trouvera pas de prose (seulement quelques poèmes en prose).

– On ne trouvera pas de chansons (même si certains de ces poèmes ont été mis en musique, c'est comme poèmes qu'ils sont choisis ici).

*Une quatrième contrainte est l'*accessibilité des œuvres. *Un ouvrage comme celui-ci peut inciter à lire d'autres poèmes des auteurs représentés. Il faut pouvoir les trouver. Pour la plupart d'entre eux une édition de poche d'un ou de plusieurs livres existe.*

La cinquième contrainte est de nature négative, *les poèmes n'ont pas été choisis parce qu'ils étaient faciles à lire, parce qu'ils ne posaient pas de problèmes de compréhension. La poésie est facile ou difficile. Certains poèmes sont faciles pour les uns, difficiles pour les autres. La principale difficulté de la poésie, aujourd'hui, c'est qu'elle* soit poésie. On a beaucoup moins qu'autrefois l'habitude de lire des choses écrites de cette bizarre façon. On n'a plus de poèmes dans la tête. La poésie n'est plus familière aux lecteurs. Là est sa difficulté essentielle. Pour les autres espèces de difficultés, il n'y a rien dans ces poèmes qui ne soit surmontable avec un bon dictionnaire et un peu d'attention. De ce point de vue, on trouve parmi les poèmes les moins accessibles ceux qui ne posent aucun problème de compréhension immédiate dans leur vocabulaire et dans leur syntaxe mais dont on se demande, à la première lecture, pourquoi donc ils sont de la poésie ?

La sixième et dernière contrainte est de nature différente. Il s'agit ici d'un choix, qui indique forcément des préférences. L'auteur du choix est un compositeur de poésie, un lecteur de poésie, de cette poésie particulièrement. Il n'était pas né en 1914. Il avait trente-cinq ans en 1968. Les présences et absences sont donc voulues (sauf oubli et en tenant compte, bien sûr, des autres contraintes), l'ordre de présentation des poèmes est, assez grossièrement, chronologique. Chacun est suivi, simplement, du nom de son auteur.

Ils sont répartis en cinq sections.

Section I.   Apollinaire et tout près
Section II. Dadas, Surréalistes
Section III. Poésie dans la guerre
Section IV. Trente, quarante, etc.
Section V.   Les fins provisoires.

Le sens de ces groupements dépend de leur lecture. Il s'éclairera en lisant.

Signalons enfin qu'il y a 128 poèmes annoncés ; qui sont en fait 129 (un poème avait été omis dans la numérotation ; d'ailleurs, les trois mousquetaires sont quatre).

I

APOLLINAIRE
ET TOUT PRÈS

LE PONT MIRABEAU

Sous le pont Mirabeau coule la Seine
         Et nos amours
     Faut-il qu'il m'en souvienne
La joie venait toujours après la peine

         Vienne la nuit sonne l'heure
         Les jours s'en vont je demeure

Les mains dans les mains restons face à face
         Tandis que sous
     Le pont de nos bras passe
Des éternels regards l'onde si lasse

         Vienne la nuit sonne l'heure
         Les jours s'en vont je demeure

L'amour s'en va comme cette eau courante
         L'amour s'en va
     Comme la vie est lente
Et comme l'Espérance est violente

         Vienne la nuit sonne l'heure
         Les jours s'en vont je demeure

Passent les jours et passent les semaines
    Ni temps passé
  Ni les amours reviennent
Sous le pont Mirabeau coule la Seine

    Vienne la nuit sonne l'heure
    Les jours s'en vont je demeure

GUILLAUME APOLLINAIRE

2

LES COLCHIQUES

Le pré est vénéneux mais joli en automne
Les vaches y paissant
Lentement s'empoisonnent
Le colchique couleur de cerne et de lilas
Y fleurit tes yeux sont comme cette fleur-là
Violâtres comme leur cerne et comme cet automne
Et ma vie pour tes yeux lentement s'empoisonne

Les enfants de l'école viennent avec fracas
Vêtus de hoquetons et jouant de l'harmonica
Ils cueillent les colchiques qui sont comme des mères
Filles de leurs filles et sont couleur de tes paupières
Qui battent comme les fleurs battent au vent dément

Le gardien du troupeau chante tout doucement
Tandis que lentes et meuglant les vaches abandonnent
Pour toujours ce grand pré mal fleuri par l'automne

GUILLAUME APOLLINAIRE

3

ANNIE

Sur la côte du Texas
Entre Mobile et Galveston il y a
Un grand jardin tout plein de roses
Il contient aussi une villa
Qui est une grande rose

Une femme se promène souvent
Dans le jardin toute seule
Et quand je passe sur la route bordée de tilleuls
Nous nous regardons

Comme cette femme est mennonite
Ses rosiers et ses vêtements n'ont pas de boutons
Il en manque deux à mon veston
La dame et moi suivons presque le même rite

GUILLAUME APOLLINAIRE

4

MARIZIBILL

Dans la Haute-Rue à Cologne
Elle allait et venait le soir
Offerte à tous en tout mignonne
Puis buvait lasse des trottoirs
Très tard dans les brasseries borgnes

Elle se mettait sur la paille
Pour un maquereau roux et rose
C'était un juif il sentait l'ail
Et l'avait venant de Formose
Tirée d'un bordel de Changaï

Je connais gens de toutes sortes
Ils n'égalent pas leurs destins
Indécis comme feuilles mortes
Leurs yeux sont des feux mal éteints
Leurs cœurs bougent comme leurs portes

GUILLAUME APOLLINAIRE

L'ÉMIGRANT
DE LANDOR ROAD

À André Billy

Le chapeau à la main il entra du pied droit
Chez un tailleur très chic et fournisseur du roi
Ce commerçant venait de couper quelques têtes
De mannequins vêtus comme il faut qu'on se vête

La foule en tous les sens remuait en mêlant
Des ombres sans amour qui se traînaient par terre
Et des mains vers le ciel plein de lacs de lumière
S'envolaient quelquefois comme des oiseaux blancs

Mon bateau partira demain pour l'Amérique
Et je ne reviendrai jamais
Avec l'argent gagné dans les prairies lyriques
Guider mon ombre aveugle en ces rues que j'aimais

Car revenir c'est bon pour un soldat des Indes
Les boursiers ont vendu tous mes crachats d'or fin
Mais habillé de neuf je veux dormir enfin
Sous des arbres pleins d'oiseaux muets et de singes

Les mannequins pour lui s'étant déshabillés
Battirent leurs habits puis les lui essayèrent
Le vêtement d'un lord mort sans avoir payé
Au rabais l'habilla comme un millionnaire

> Au-dehors les années
> Regardaient la vitrine
> Les mannequins victimes
> Et passaient enchaînées

Intercalées dans l'an c'étaient les journées veuves
Les vendredis sanglants et lents d'enterrements
De blancs et de tout noirs vaincus des cieux qui pleuvent
Quand la femme du diable a battu son amant

Puis dans un port d'automne aux feuilles indécises
Quand les mains de la foule y feuillolaient aussi
Sur le pont du vaisseau il posa sa valise
> Et s'assit

Les vents de l'Océan en soufflant leurs menaces
Laissaient dans ses cheveux de longs baisers mouillés
Des émigrants tendaient vers le port leurs mains lasses
Et d'autres en pleurant s'étaient agenouillés

Il regarda longtemps les rives qui moururent
Seuls des bateaux d'enfant tremblaient à l'horizon
Un tout petit bouquet flottant à l'aventure
Couvrit l'Océan d'une immense floraison

Il aurait voulu ce bouquet comme la gloire
Jouer dans d'autres mers parmi tous les dauphins
    Et l'on tissait dans sa mémoire
    Une tapisserie sans fin
    Qui figurait son histoire

    Mais pour noyer changées en poux
Ces tisseuses têtues qui sans cesse interrogent
    Il se maria comme un doge
Aux cris d'une sirène moderne sans époux

Gonfle-toi vers la nuit Ô Mer Les yeux des squales
Jusqu'à l'aube ont guetté de loin avidement
Des cadavres de jours rongés par les étoiles
Parmi le bruit des flots et les derniers serments

GUILLAUME APOLLINAIRE

6

CORS DE CHASSE

Notre histoire est noble et tragique
Comme le masque d'un tyran
Nul drame hasardeux ou magique
Aucun détail indifférent
Ne rend notre amour pathétique

Et Thomas de Quincey buvant
L'opium poison doux et chaste
À sa pauvre Anne allait rêvant
Passons passons puisque tout passe
Je me retournerai souvent

Les souvenirs sont cors de chasse
Dont meurt le bruit parmi le vent

GUILLAUME APOLLINAIRE

7

L'ÉCREVISSE

Incertitude, ô mes délices
Vous et moi nous nous en allons
Comme s'en vont les écrevisses,
À reculons, à reculons.

GUILLAUME APOLLINAIRE

8

LA CARPE

Dans vos viviers, dans vos étangs,
Carpes, que vous vivez longtemps !

Est-ce que la mort vous oublie,
Poissons de la mélancolie.

GUILLAUME APOLLINAIRE

9

LES SAISONS

C'était un temps béni nous étions sur les plages
Va-t'en de bon matin pieds nus et sans chapeau
Et vite comme va la langue d'un crapaud
L'amour blessait au cœur les fous comme les sages

As-tu connu Guy au galop
Du temps qu'il était militaire
As-tu connu Guy au galop
Du temps qu'il était artiflot
À la guerre

C'était un temps béni Le temps du vaguemestre
On est bien plus serré que dans les autobus
Et des astres passaient que singeaient les obus
Quand dans la nuit survint la batterie équestre

As-tu connu Guy au galop
Du temps qu'il était militaire
As-tu connu Guy au galop

Du temps qu'il était artiflot
À la guerre

C'était un temps béni Jours vagues et nuits vagues
Les marmites donnaient aux rondins des cagnats
Quelque aluminium où tu t'ingénias
À limer jusqu'au soir d'invraisemblables bagues

As-tu connu Guy au galop
Du temps qu'il était militaire
As-tu connu Guy au galop
Du temps qu'il était artiflot
À la guerre

C'était un temps béni La guerre continue
Les Servants ont limé la bague au long des mois
Le Conducteur écoute abrité dans les bois
La chanson que répète une étoile inconnue

As-tu connu Guy au galop
Du temps qu'il était militaire
As-tu connu Guy au galop
Du temps qu'il était artiflot
À la guerre

GUILLAUME APOLLINAIRE

LA JOLIE ROUSSE

Me voici devant tous un homme plein de sens
Connaissant la vie et de la mort ce qu'un vivant peut
    connaître
Ayant éprouvé les douleurs et les joies de l'amour
Ayant su quelquefois imposer ses idées
Connaissant plusieurs langages
Ayant pas mal voyagé
Ayant vu la guerre dans l'Artillerie de l'Infanterie
Blessé à la tête trépané sous le chloroforme
Ayant perdu ses meilleurs amis dans l'effroyable lutte
Je sais d'ancien et de nouveau autant qu'un homme seul
    pourrait des deux savoir
Et sans m'inquiéter aujourd'hui de cette guerre
Entre nous et pour nous mes amis
Je juge cette longue querelle de la tradition et de l'inven-
    tion
         De l'Ordre et de l'Aventure

Vous dont la bouche est faite à l'image de celle de Dieu
Bouche qui est l'ordre même
Soyez indulgents quand vous nous comparez
À ceux qui furent la perfection de l'ordre
Nous qui quêtons partout l'aventure

Nous ne sommes pas vos ennemis
Nous voulons vous donner de vastes et d'étranges domaines
Où le mystère en fleurs s'offre à qui veut le cueillir
Il y a là des feux nouveaux des couleurs jamais vues
Mille phantasmes impondérables
Auxquels il faut donner de la réalité

Nous voulons explorer la bonté contrée énorme où tout
    se tait
Il y a aussi le temps qu'on peut chasser ou faire revenir
Pitié pour nous qui combattons toujours aux frontières
De l'illimité et de l'avenir
Pitié pour nos erreurs pitié pour nos péchés

Voici que vient l'été la saison violente
Et ma jeunesse est morte ainsi que le printemps
Ô Soleil c'est le temps de la Raison ardente
                    Et j'attends
Pour la suivre toujours la forme noble et douce
Qu'elle prend afin que je l'aime seulement
Elle vient et m'attire ainsi qu'un fer l'aimant
                    Elle a l'aspect charmant
                    D'une adorable rousse

Ses cheveux sont d'or on dirait
Un bel éclair qui durerait
Ou ces flammes qui se pavanent
Dans les roses-thé qui se fanent

Mais riez riez de moi
Hommes de partout surtout gens d'ici

Car il y a tant de choses que je n'ose vous dire
Tant de choses que vous ne me laisseriez pas dire
Ayez pitié de moi

GUILLAUME APOLLINAIRE

11

RÉVEIL

Je dors toujours les fenêtres ouvertes
J'ai dormi comme un homme seul
Les sirènes à vapeur et à air comprimé ne m'ont pas trop
    réveillé

Ce matin je me penche par la fenêtre
Je vois
Le ciel
La mer
La gare maritime par laquelle j'arrivais de New York en
    1911
La baraque du pilotage
Et
À gauche
Des fumées des cheminées des grues des lampes à arc à
    contre-jour
Le premier tram grelotte dans l'aube glaciale

Moi j'ai trop chaud
Adieu Paris
Bonjour soleil

BLAISE CENDRARS

12

LETTRE

Tu m'as dit si tu m'écris
Ne tape pas tout à la machine
Ajoute une ligne de ta main
Un mot un rien oh pas grand'chose
Oui oui oui oui oui oui oui oui

Ma Remington est belle pourtant
Je l'aime beaucoup et travaille bien
Mon écriture est nette et claire
On voit très bien que c'est moi qui l'ai tapée

Il y a des blancs que je suis seul à savoir faire
Vois donc l'œil qu'a ma page
Pourtant pour te faire plaisir j'ajoute à l'encre
Deux trois mots
Et une grosse tache d'encre
Pour que tu ne puisses pas les lire

BLAISE CENDRARS

13

BILBAO

Nous arrivons bien avant l'aube dans la rade de Bilbao
Une crique de montagnes basses et de collines à contre-
     jour noir velours piqué des lumières de la ville
Ce décor simple et bien composé me rappelle et au risque
     de passer pour un imbécile puisque je suis en Espagne
     je le répète me rappelle un décor de Picasso
Il y a des barquettes montées par deux hommes seulement
     et munies d'une toute petite voile triangulaire qui
     prennent déjà le large
Deux marsouins font la roue
Dès que le soleil se lève de derrière les montagnes
Ce décor si simple
Est envahi
Par un déluge de couleurs
Qui vont de l'indigo au pourpre
Et qui transforment Picasso en expressionniste allemand
Les extrêmes se touchent

BLAISE CENDRARS

14

BLEUS

La mer est comme un ciel bleu bleu bleu
Par au-dessus le ciel est comme le lac Léman
Bleu-tendre

BLAISE CENDRARS

15

ORION

C'est mon étoile
Elle a la forme d'une main
C'est ma main montée au ciel
Durant toute la guerre je voyais Orion par un créneau
Quand les Zeppelins venaient bombarder Paris ils venaient
    toujours d'Orion
Aujourd'hui je l'ai au-dessus de ma tête
Le grand mât perce la paume de cette main qui doit
    souffrir

Comme ma main coupée me fait souffrir percée qu'elle
   est par un dard continuel

BLAISE CENDRARS

16

VIE DANGEREUSE

Aujourd'hui je suis peut-être l'homme le plus heureux du
   monde
Je possède tout ce que je ne désire pas
Et la seule chose à laquelle je tienne dans la vie chaque
   tour de l'hélice m'en rapproche
Et j'aurai peut-être tout perdu en arrivant

BLAISE CENDRARS

17

PERNAMBOUCO

Victor Hugo l'appelle Fernandbouc aux montagnes Bleues
Et un vieil auteur que je lis Ferdinandbourg aux mille
   Églises

En indien ce nom signifie la Bouche Fendue
Voici ce que l'on voit aujourd'hui quand on arrive du
large et que l'on fait une escale d'une heure et demie
Des terres basses sablonneuses
Une jetée en béton armé et une toute petite grue
Une deuxième jetée en béton armé et une immense grue
Une troisième jetée en béton armé sur laquelle on édifie
des hangars en béton armé
Quelques cargos à quai
Une longue suite de baraques numérotées
Et par-derrière quelques coupoles deux trois clochers et
un observatoire astronomique
Il y a également les tanks de l'« American Petroleum C° »
et de la « Caloric »
Du soleil de la chaleur et de la tôle ondulée

BLAISE CENDRARS

18

FERNANDO DE NORONHA

De loin on dirait une cathédrale engloutie
De près
C'est une île aux couleurs si intenses que le vert de l'herbe
est tout doré

BLAISE CENDRARS

19

L'OISEAU BLEU

Mon oiseau bleu a le ventre tout bleu
Sa tête est d'un vert mordoré
Il a une tache noire sous la gorge
Ses ailes sont bleues avec des touffes de petites plumes
    jaune doré
Au bout de la queue il y a des traces de vermillon
Son dos est zébré de noir et de vert
Il a le bec noir les pattes incarnat et deux petits yeux de
    jais
Il adore faire trempette se nourrit de bananes et pousse
    un cri qui ressemble au sifflement d'un tout petit jet
    de vapeur
On le nomme le septicolore

BLAISE CENDRARS

20

POURQUOI

L'oiseau siffle
Les singes le regardent

Maîtrise
Je travaille en souriant
Tout ce qui m'arrive m'est absolument égal
Et tout ce que je fais m'est absolument indifférent
Je suis des yeux quelqu'un qui n'est pas là
J'écris en tournant le dos à la marche du navire
Soleil dans le brouillard
Avance
Retard
Oui

BLAISE CENDRARS

21

PARIS-NOËL

Il neige sur le mont Blanc
Et une grosse cloche sonne dedans
Jusqu'en bas une procession de gens en noir descend

Les cœurs brûlent à feu couvert
Une ombre immense tourne autour du Sacré-Cœur
C'est Montmartre
La lune forme la tête
Ronde comme ta figure

Au temps des flammes plus ardentes
Et de nos jours
Chacun a une petite étoile
Elles rampent
La rue est noire et le ciel clair

Un homme seul veille là-haut
En longue robe blanche
Le lendemain est un dimanche
On sort de cette maison sans en avoir l'air
On est gai
Un bonheur qui tremble encore est né

Le plus grand champ du monde est à l'envers
Et des bêtes courent
Elles ne veulent plus voir ce qui s'est passé
L'ancien miracle est dépassé
Au fond de l'ombre où l'on remue
Un homme monte tête nue
Le soleil s'appuie sur sa tête
Quand on ne le voit plus on commence la fête

Minuit

Un homme marche devant et on le suit
La Seine est là
Et on entend sur l'eau claquer des pas

Le reste se passe dans les restaurants de nuit

PIERRE REVERDY

HORIZON

Mon doigt saigne
Je t'écris
Avec
Le règne des vieux rois est fini
Le rêve est un jambon
Lourd
Qui pend au plafond
Et la cendre de ton cigare
Contient toute la lumière

Au détour du chemin
Les arbres saignent
Le soleil assassin
Ensanglante les pins
Et ceux qui passent dans la prairie humide

Le soir où s'endormit le premier chat-huant
J'étais ivre
Mes membres mous pendent là
Et le ciel me soutient
Le ciel où je lave mes yeux tous les matins

Ma main rouge est un mot
Un appel bref où palpite un sanglot

Du sang versé sur le papier buvard
L'encre ne coûte rien

Je marche sur des taches qui sont des mares
Entre des ruisseaux noirs qui vont plus loin
Au bout du monde où l'on m'attend
C'est la fontaine ou les gouttes de sang qui coulent de
    mon cœur que l'on entend

Un clairon dans l'azur sonne la générale

PIERRE REVERDY

23

En ce temps-là le charbon
était devenu aussi précieux
et rare que des pépites d'or
et j'écrivais dans un grenier
où la neige, en tombant par
les fentes du toit, devenait
bleue.

PIERRE REVERDY

DANS LE MONDE ÉTRANGER

Je ne peux plus regarder ton visage
Où te caches-tu
La maison s'est évanouie parmi les nuages
Et tu as quitté la dernière fenêtre
Où tu m'apparaissais
Reviens que vais-je devenir
Tu me laisses seul et j'ai peur

Rappelle-toi le temps où nous allions ensemble
Nous marchions dans les rues entre les maisons
Et sur la route au milieu des buissons
Parfois le vent nous rendait muets
Parfois la pluie nous aveuglait
Tu chantais au soleil
Et la neige me rendait gai

Je suis seul je frotte mes paupières
Et j'ai presque envie de pleurer
Il faut marcher vers cette lumière dans l'ombre
C'est toute une histoire à raconter
La vie si simple et droite sans tous les petits à côtés
Vers la froide lumière que l'on atteindra malgré tout

Ne te presse pas
Qui est-ce qui souffle
Quand je serai arrivé qui est-ce qui soufflera
Mais seul je n'ose plus avancer

Alors je me mis à dormir
Peut-être pour l'éternité
Sur le lit où l'on m'a couché
Sans plus rien savoir de la vie
J'ai oublié tous mes amis
Mes parents et quelques maîtresses
J'ai dormi l'hiver et l'été
Et mon sommeil fut sans paresse

Mais pour toi qui m'as rappelé
Il va falloir que je me lève
Allons les beaux jours sont passés
Les longues nuits qui sont si brèves
Quand on s'endort entrelacés

Je me réveille au son lugubre et sourd
D'une voix qui n'est pas humaine
Il faut marcher et je te traîne
Au son lugubre du tambour
Tout le monde rit de ma peine
Il faut marcher encore un jour

À la tâche jamais finie
Que le bourreau vienne et t'attelle
Ce soir les beaux jours sont finis

Une voix maussade t'appelle
Pour toi la terre est refroidie

De loin je revois ton visage
Mais je ne l'ai pas retrouvé
Disparaissant à mon passage
De la fenêtre refermée

Nous ne marcherons plus ensemble

PIERRE REVERDY

II

DADAS, SURRÉALISTES

LE DOMPTEUR DE LIONS
SE SOUVIENT

regarde-moi et sois couleur
plus tard
ton rire mange soleil pour lièvres pour caméléons
serre mon corps entre deux lignes larges que la famine
 soit lumière
dors dors vois-tu nous sommes lourds antilope bleue sur
 glacier oreille dans les pierres belles frontières – entends
 la pierre
vieux pêcheur froid grand sur lettre nouvelle apprendre
 les filles en fil de fer et sucre tournent longtemps les
 flacons sont grands comme les parasols blancs entends
 roule roule rouge
aux colonies
souvenir senteur de propre pharmacie vieille servante
cheval vert et céréales
corne crie
flûte
bagages ménageries obscures
mords scie veux-tu
horizontale voir

TRISTAN TZARA

LA MORT
DE GUILLAUME APOLLINAIRE

nous ne savons rien
nous ne savions rien de la douleur
la saison amère du froid
creuse de longues traces dans nos muscles
il aurait plutôt aimé la joie de la victoire
sages sous les tristesses calmes   en cage
ne pouvoir rien faire
si la neige tombait en haut
si le soleil montait chez nous pendant la nuit
pour nous chauffer
et les arbres pendaient avec leur couronne
– unique pleur –
si les oiseaux étaient parmi nous pour se mirer
dans le lac tranquille au-dessus de nos têtes
ON POURRAIT COMPRENDRE
la mort serait un beau long voyage
et les vacances illimitées de la chair des structures et des os

TRISTAN TZARA

CHANSON DADA

I

la chanson d'un dadaïste
qui avait dada au cœur
fatiguait trop son moteur
qui avait dada au cœur

l'ascenseur portait un roi
lourd fragile autonome
il coupa son grand bras droit
l'envoya au pape à rome

c'est pourquoi
l'ascenseur
n'avait plus dada au cœur

mangez du chocolat
lavez votre cerveau
dada
dada
buvez de l'eau

TRISTAN TZARA

28

EN AVANT

En avant disait l'arc-en-ciel matinal
En avant pour les soupiraux de notre jeunesse
Nous avons éclaté
et tout ce qui était bleu est resté bleu

En souvenir des petits oignons
que tu mettais dans les chrysanthèmes
dis bonjour à la dame

Avant casse ta tête
ou celle de ton voisin le plus proche
en sorte que tous les deux
nous prendrons l'Orient-Express aux prochaines vacances

BENJAMIN PÉRET

29

L'UNION LIBRE

Ma femme à la chevelure de feu de bois
Aux pensées d'éclairs de chaleur

À la taille de sablier
Ma femme à la taille de loutre entre les dents du tigre
Ma femme à la bouche de cocarde et de bouquet d'étoiles
   de dernière grandeur
Aux dents d'empreintes de souris blanche sur la terre blanche
À la langue d'ambre et de verre frottés
Ma femme à la langue d'hostie poignardée
À la langue de poupée qui ouvre et ferme les yeux
À la langue de pierre incroyable
Ma femme aux cils de bâtons d'écriture d'enfant
Aux sourcils de bord de nid d'hirondelle
Ma femme aux tempes d'ardoise de toit de serre
Et de buée aux vitres
Ma femme aux épaules de champagne
Et de fontaine à têtes de dauphins sous la glace
Ma femme aux poignets d'allumettes
Ma femme aux doigts de hasard et d'as de cœur
Aux doigts de foin coupé
Ma femme aux aisselles de martre et de fênes
De nuit de la Saint-Jean
De troène et de nid de scalares
Aux bras d'écume de mer et d'écluse
Et de mélange du blé et du moulin
Ma femme aux jambes de fusée
Aux mouvements d'horlogerie et de désespoir
Ma femme aux mollets de moelle de sureau
Ma femme aux pieds d'initiales
Aux pieds de trousseaux de clés aux pieds de calfats qui
   boivent
Ma femme au cou d'orge imperlé
Ma femme à la gorge de Val d'or

De rendez-vous dans le lit même du torrent
Aux seins de nuit
Ma femme aux seins de taupinière marine
Ma femme aux seins de creuset du rubis
Aux seins de spectre de la rose sous la rosée
Ma femme au ventre de dépliement d'éventail des jours
Au ventre de griffe géante
Ma femme au dos d'oiseau qui fuit vertical
Au dos de vif-argent
Au dos de lumière
À la nuque de pierre roulée et de craie mouillée
Et de chute d'un verre dans lequel on vient de boire
Ma femme aux hanches de nacelle
Aux hanches de lustre et de pennes de flèche
Et de tiges de plumes de paon blanc
De balance insensible
Ma femme aux fesses de grès et d'amiante
Ma femme aux fesses de dos de cygne
Ma femme aux fesses de printemps
Au sexe de glaïeul
Ma femme au sexe de placer et d'ornithorynque
Ma femme au sexe d'algue et de bonbons anciens
Ma femme au sexe de miroir
Ma femme aux yeux pleins de larmes
Aux yeux de panoplie violette et d'aiguille aimantée
Ma femme aux yeux de savane
Ma femme aux yeux d'eau pour boire en prison
Ma femme aux yeux de bois toujours sous la hache
Aux yeux de niveau d'eau de niveau d'air de terre et de feu

ANDRÉ BRETON

UN AIR EMBAUMÉ

Les fruits à la saveur de sable
Les oiseaux qui n'ont pas de nom
Les chevaux peints comme un pennon
Et l'Amour nu mais incassable

Soumis à l'unique canon
De cet esprit changeant qui sable
Aux quinquets d'un temps haïssable
Le champagne clair du canon

Chantent deux mots Panégyrique
Du beau ravisseur de secrets
Que répète l'écho lyrique

Sur la tombe Mille regrets
Où dort dans un tuf mercenaire
Mon sade Orphée Apollinaire

LOUIS ARAGON

31

PERSIENNES

Persienne   Persienne   Persienne

Persienne   persienne   persienne
persienne persienne persienne persienne
persienne persienne persienne persienne
persienne persienne
Persienne   Persienne   Persienne

Persienne ?

LOUIS ARAGON

32

SUICIDE

A b c d e f
g h i j k l
m n o p q r
s t u v w
x   y   z

LOUIS ARAGON

33

L'ÉGALITÉ DES SEXES

Tes yeux sont revenus d'un pays arbitraire
Où nul n'a jamais su ce que c'est qu'un regard
Ni connu la beauté des yeux, beauté des pierres,
Celle des gouttes d'eau, des perles en placards,

Des pierres nues et sans squelette, ô ma statue,
Le soleil aveuglant te tient lieu de miroir
Et s'il semble obéir aux puissances du soir
C'est que ta tête est close, ô statue abattue

Par mon amour et par mes ruses de sauvage.
Mon désir immobile est ton dernier soutien
Et je t'emporte sans bataille, ô mon image,
Rompue à ma faiblesse et prise dans mes liens.

PAUL ELUARD

34

L'AMOUREUSE

Elle est debout sur mes paupières
Et ses cheveux sont dans les miens,

Elle a la forme de mes mains,
Elle a la couleur de mes yeux,
Elle s'engloutit dans mon ombre
Comme une pierre sur le ciel.

Elle a toujours les yeux ouverts
Et ne me laisse pas dormir.
Ses rêves en pleine lumière
Font s'évaporer les soleils,
Me font rire, pleurer et rire,
Parler sans avoir rien à dire.

PAUL ELUARD

35

LE BONBON

Je je suis suis le le roi roi
        des montagnes
j'ai de de beaux beaux bobos beaux beaux yeux yeux
        il fait une chaleur chaleur

j'ai nez
j'ai doigt doigt doigt doigt doigt à à
        chaque main main

j'ai dent dent dent dent dent dent dent
        dent dent dent dent dent dent dent

dent dent dent dent dent dent dent
dent dent dent dent dent dent dent
dent dent dent dent
Tu tu me me fais fais souffrir
mais peu m'importe m'importe
la la porte porte

ROBERT DESNOS

36

J'AI TANT RÊVÉ DE TOI

J'ai tant rêvé de toi que tu perds ta réalité.

Est-il encore temps d'atteindre ce corps vivant et de baiser sur cette bouche la naissance de la voix qui m'est chère ?

J'ai tant rêvé de toi que mes bras habitués en étreignant ton ombre à se croiser sur ma poitrine ne se plieraient pas au contour de ton corps, peut-être.

Et que, devant l'apparence réelle de ce qui me hante et me gouverne depuis des jours et des années je deviendrais une ombre sans doute,

Ô balances sentimentales.

J'ai tant rêvé de toi qu'il n'est plus temps sans doute que je m'éveille. Je dors debout, le corps exposé à toutes les apparences de la vie et de l'amour et toi, la seule qui compte aujourd'hui pour moi, je pourrais moins toucher

ton front et tes lèvres que les premières lèvres et le premier
front venu.

J'ai tant rêvé de toi, tant marché, parlé, couché avec
ton fantôme qu'il ne me reste plus peut-être, et pourtant,
qu'à être fantôme parmi les fantômes et plus ombre cent
fois que l'ombre qui se promène et se promènera allègre-
ment sur le cadran solaire de ta vie.

ROBERT DESNOS

37

LE POÈME À FLORENCE

Comme un aveugle s'en allant vers les frontières
Dans les bruits de la ville assaillie par le soir
Appuie obstinément aux vitres des portières
Ses yeux qui ne voient pas vers l'aile des mouchoirs

Comme ce rail brillant dans l'ombre sous les arbres
Comme un reflet d'éclair dans les yeux des amants
Comme un couteau brisé sur un sexe de marbre
Comme un législateur parlant à des déments

Une flamme a jailli pour perpétuer Florence
Non pas celle qui haute au détour d'un chemin
Porta jusqu'à la lune un appel de souffrance
Mais celle qui flambait au bûcher quand les mains

dressées comme cinq branches d'une étoile opaque
attestaient que demain surgirait d'aujourd'hui
Mais celle qui flambait au chemin de saint Jacques
Quand la déesse nue vers la nadir a fui

Mais celle qui flambait aux parois de ma gorge
Quand fugitive et pure image de l'amour
Tu surgis tu partis et que le feu des forges
Rougeoyait les sapins les palais et les tours

J'inscris ici ton nom hors des deuils anonymes
Où tant d'amantes ont sombré corps âme et biens
Pour perpétuer un soir où dépouilles ultimes
Nous jetions tels des os nos souvenirs aux chiens

Tu fonds tu disparais tu sombres mais je dresse
au bord de ce rivage où ne brille aucun feu
Nul phare blanchissant les bateaux en détresse
Nulle lanterne de ravage au front des bœufs

Mais je dresse aujourd'hui ton visage et ton rire
Tes yeux bouleversants ta gorge et tes parfums
Dans un olympe arbitraire où l'ombre se mire
dans un miroir brisé sous les pas des défunts

Afin que si le tour des autres amoureuses
Venait avant le mien de s'abîmer tu sois
Et l'accueillante et l'illusoire et l'égareuse
la sœur de mes chagrins et la flamme à mes doigts

Car la route se brise au bord des précipices
je sens venir les temps où mourront les amis
Et les amantes d'autrefois et d'aujourd'hui
Voici venir les jours de crêpe et d'artifice

Voici venir les jours où les œuvres sont vaines
où nul bientôt ne comprendra ces mots écrits
Mais je bois goulûment les larmes de nos peines
quitte à briser mon verre à l'écho de tes cris

Je bois joyeusement faisant claquer ma langue
le vin tonique et mâle et j'invite au festin
Tous ceux là que j'aimai. Ayant brisé leur cangue
qu'ils viennent partager mon rêve et mon butin

Buvons joyeusement ! chantons jusqu'à l'ivresse !
nos mains ensanglantées aux tessons des bouteilles
Demain ne pourront plus étreindre nos maîtresses.
Les verrous sont poussés au pays des merveilles.

4 novembre 1929.

ROBERT DESNOS

38

LES GORGES FROIDES

À Simone

À la poste d'hier tu télégraphieras
que nous sommes bien morts avec les hirondelles.

Facteur triste facteur un cercueil sous ton bras
va-t'en porter ma lettre aux fleurs à tire d'elle.

La boussole est en os mon cœur tu t'y fieras.
Quelque tibia marque le pôle et les marelles
pour amputés ont un sinistre aspect d'opéras.
Que pour mon épitaphe un dieu taille ses grêles !

C'est ce soir que je meurs, ma chère Tombe-Issoire,
ton regard le plus beau ne fut qu'un accessoire
de la machinerie étrange du bonjour.

Adieu ! Je vous aimai sans scrupule et sans ruse,
ma Folie-Méricourt, ma silencieuse intruse.
Boussole à flèche torse annonce le retour.

ROBERT DESNOS

39

INFINITIF

Y mourir ô belle flammèche y mourir
voir les nuages fondre comme la neige et l'écho
origines du soleil et du blanc pauvres comme Job
ne pas mourir encore et voir durer l'ombre
naître avec le feu et ne pas mourir
étreindre et embrasser amour fugace le ciel mat

gagner les hauteurs abandonner le bord
et qui sait découvrir ce que j'aime
omettre de transmettre mon nom aux années
rire aux heures orageuses dormir au pied d'un pin
grâce aux étoiles semblables à un numéro
et mourir ce que j'aime au bord des flammes.

ROBERT DESNOS

40

MOTIFS

La jeune fille avec un amant prit la fuite
le village accusa sitôt les Bohémiens
et la gendarmerie se mit à leur poursuite
de son côté et moi du mien.

Rejoignant la roulotte, par les petits rideaux
je n'aperçus dedans qu'une misère noire
malgré tous les larcins et les biens illégaux
que les gendarmes faux prétendirent y voir.

Ils fouillèrent ; jetant aux talus des guenilles
où ils reconnaissaient la vieille d'un village
qui se plaignit de vol — et mille autres verbiages,
tandis que j'y voyais s'enrouler des jeunes filles.

Le forain dut prouver que lui-même avait fait
les marmots couchés à l'ombre sous la voiture
et qui souillés puaient le manque d'aventures
si bien qu'à ce soupçon je pus que m'esclaffer.

Alors qu'elle riait à corps perdu la belle
de qui l'amour venait de dénouer la longe,
cachée sous un vieux reste de Bohême irréelle,
derrière le buisson infouillable du songe.

GEORGES LIMBOUR

41

GEORGIA

Je ne dors pas Georgia
je lance des flèches dans la nuit Georgia
j'attends Georgia
je pense Georgia
Le feu est comme la neige Georgia
La nuit est ma voisine Georgia
j'écoute les bruits tous sans exception Georgia
je vois la fumée qui monte et qui fuit Georgia
je marche à pas de loup dans l'ombre Georgia
je cours voici la rue les faubourgs Georgia
Voici une ville qui est la même
et que je connais pas Georgia

je me hâte voici le vent Georgia
et le froid silence et la peur Georgia
je fuis Georgia
je cours Georgia
les nuages sont bas ils vont tomber Georgia
j'étends les bras Georgia
je ne ferme pas les yeux Georgia
j'appelle Georgia
je crie Georgia
j'appelle Georgia
je t'appelle Georgia
Est-ce que tu viendras Georgia
bientôt Georgia
Georgia Georgia Georgia
Georgia
je ne dors pas Georgia
je t'attends
Georgia

PHILIPPE SOUPAULT

42

Avec moi dieu-le-chien, et sa langue
qui comme un trait perce la croûte
de la double calotte en voûte
de la terre qui le démange.

Et voici le triangle d'eau
qui marche d'un pas de punaise,
mais qui sous la punaise en braise
se retourne en coup de couteau.

Sous les seins de la terre hideuse
dieu-la-chienne s'est retirée,
des seins de terre et d'eau gelée
qui pourrissent sa langue creuse.

Et voici la vierge-au-marteau,
pour broyer les caves de terre
dont le crâne du chien stellaire
sent monter l'horrible niveau.

ANTONIN ARTAUD

43

S'ESSOUFFLER

Ah fromage voilà la bonne madame
Voilà la bonne madame au lait
Elle est du bon lait du pays qui l'a fait
Le pays qui l'a fait était de son village

Ah village voilà la bonne madame
Voilà la bonne madame fromage

Elle est du pays du bon lait qui l'a fait
Celui qui l'a fait était de sa madame

Ah fromage voilà du bon pays
Voilà du bon pays au lait
Il est du bon lait qui l'a fait du fromage
Le lait qui l'a fait était de sa madame

BENJAMIN PÉRET

44

LA BONNE VIE

Je suis né comme un vieux
Je suis né comme un porc
Je suis né comme un dieu
Je suis né comme un mort
Et ne valant pas mieux

J'ai joui comme un porc
J'ai joui comme un vieux
J'ai joui comme un mort
J'ai joui comme un dieu
Sans trouver cela mieux

J'ai souffert comme un porc
J'ai souffert comme un vieux

J'ai souffert comme un mort
J'ai souffert comme un dieu
Et je n'en suis pas mieux

Je mourrai comme un vieux
Je mourrai comme un porc
Je mourrai comme un dieu
Je mourrai comme un mort
Et ce sera tant mieux.

ROGER GILBERT-LECOMTE

45

CHASSÉ-CROISÉ DU COMA

Eh, l'angoisseux, l'agonisant quand tu verras,
le ciel : un dôme d'or tacheté de points noirs
stellaires, et la lune une pastille noire
sur un grand ventre de lumière
le temps sera venu : voici ta mort dernière
voici ta naissance première.

ROGER GILBERT-LECOMTE

TESTAMENT

Je viens de loin de beaucoup plus loin
    qu'on ne pourrait croire

Et les confins de nuit les déserts de la faim
    savent seuls mon histoire

Avec ses ongles avec ses dents celle qui est partout
    m'a fait mal

Et surtout surtout son affreux regard de boue
    m'a fait mal

Si maintenant je dors ancré
    au port de la misère

C'est que je n'ai jamais su dire assez
    à la misère

Je suis tombé en bas du monde
    et sans flambeau

Sombré à fond d'oubli plein de pitiés immondes
    pour moi seul beau

ROGER GILBERT-LECOMTE

LES QUATRE TEMPS CARDINAUX

La poule noire de la nuit
vient encore de pondre une aurore.
Salut le blanc, salut le jaune,
Salut, germe qu'on ne voit pas.

Seigneur Midi, roi d'un instant
au haut du jour frappe le gong.
Salut à l'œil, salut aux dents,
Salut au masque dévorant, toujours !

Sur les coussins de l'horizon,
le fruit rouge du souvenir.
Salut, soleil qui sait mourir,
Salut, brûleur de nos souillures.

Mais en silence je salue la grande Minuit,
Celle qui veille quand les trois s'agitent.
Fermant les yeux je la vois sans rien voir par-delà les
      ténèbres,
Fermant l'oreille j'entends son pas qui ne s'éloigne pas.

RENÉ DAUMAL

ÉVADNÉ

L'été et notre vie étions d'un seul tenant
La campagne mangeait la couleur de ta jupe odorante
Avidité et contrainte s'étaient réconciliées
Le château de Maubec s'enfonçait dans l'argile
Bientôt s'effondrerait le roulis de sa lyre
La violence des plantes nous faisait vaciller
Un corbeau rameur sombre déviant de l'escadre
Sur le muet silex de midi écartelé
Accompagnait notre entente aux mouvements tendres
La faucille partout devait se reposer
Notre rareté commençait un règne
(Le vent insomnieux qui nous ride la paupière
En tournant chaque nuit la page consentie
Veut que chaque part de toi que je retienne
Soit étendue à un pays d'âge affamé et de larmier géant)

C'était au début d'adorables années
La terre nous aimait un peu je me souviens.

RENÉ CHAR

49

A***

Tu es mon amour depuis tant d'années,
Mon vertige devant tant d'attente,
Que rien ne peut vieillir, froidir ;
Même ce qui attendait notre mort,
Ou lentement sut nous combattre,
Même ce qui nous est étranger,
Et mes éclipses et mes retours.

Fermée comme un volet de buis,
Une extrême chance compacte
Est notre chaîne de montagnes,
Notre comprimante splendeur.

Je dis chance, ô ma martelée ;
Chacun de nous peut recevoir
La part de mystère de l'autre
Sans en répandre le secret ;
Et la douleur qui vient d'ailleurs
Trouve enfin sa séparation
Dans la chair de notre unité,
Trouve enfin sa route solaire

Au centre de notre nuée
Qu'elle déchire et recommence.

Je dis chance comme je le sens.
Tu as élevé le sommet
Que devra franchir mon attente
Quand demain disparaîtra.

1948-1950.

RENÉ CHAR

III

POÉSIE DANS LA GUERRE

AU CAFÉ

À Joseph Roth In Memoriam [1]

J'ai vu Joseph Roth au café
Il buvait un whisky puis une oxygénée
L'oxygénée ? Quel est donc ce breuvage ?
On devient courageux dit-il après l'avoir bu
Il passe son verre que le garçon venait de préparer
À Michel Matveev qui en but une modeste gorgée
Puis il me passa son verre
Pour que je goûte paternel pour me faire plaisir
Et pour me prêter une fois avec quoi il se tue
Pour moi ce fut un goût frais glacé net un peu âpre
Pour lui le long poison le chemin
Il venait de me présenter son breuvage
Oh ! non pas de me faire entrer dans sa terrible chambre
Mais de me montrer la panoplie de sa mort
Et de la caresser devant moi sans forfanterie
En homme fidèle à la mort et qui chaque jour la prépare
Par une sorte d'honnête et propre coquetterie
Le finale est là il ne reste plus à un homme que la coquetterie
Et la liberté un stoïcisme triste et sans sursaut
Une parfaite profondeur grave et surhumaine
Surhumaine par le calme et surhumaine par le pacte mortel

Le corps de Roth le foie de Roth son cœur
Se serrent et se sont rangés autrement
Autour du ruisseau d'alcool qui le traverse
Et le ronge. C'est un homme petit
Mince un officier d'élégance profonde
Et dont chaque fibre visible et invisible est fine
Plus fine plus fine encore affinée par le vent
De visages et de lumières caressant son visage
Chez lui est fixée sa moustache
Pâle blonde à petits poils usés
Comme celle d'un masque de carton chez lui sont fixées
   de modestes rides
Chez lui est fixée une flamme
Une courte et large incandescente
Plus large que son corps flamme de plaine [2]
Qui brûle surtout ici à ce corps

Mais quand je l'ai quitté
Avec mes amis avec ma femme
Avec un peu de bonheur forcément
J'ai vu l'intérieur de ses yeux bleus
La détresse autrichienne
La détresse la détresse humaine
Qui me demandait pardon
Qui me demandait de rester là.

Novembre 1937.

PIERRE MORHANGE

1. Joseph Roth, romancier autrichien, auteur de *La Marche de Radetzky*.
Il s'exila à Paris après l'invasion de son pays par les nazis.
2. C'est l'Autriche.

51

VINGT ANS APRÈS

Le temps a retrouvé son charroi monotone
Et rattelé ses bœufs lents et roux c'est l'automne
Le ciel creuse des trous entre les feuilles d'or
Octobre électroscope a frémi mais s'endort

Jours carolingiens Nous sommes des rois lâches
Nos rêves se sont mis au pas mou de nos vaches
À peine savons-nous qu'on meurt au bout des champs
Et ce que l'aube fait l'ignore le couchant.

Nous errons à travers des demeures vidées
Sans chaînes sans draps blancs sans plaintes sans idées
Spectres du plein midi revenants du plein jour
Fantômes d'une vie où l'on parlait d'amour

Nous reprenons après vingt ans nos habitudes
Au vestiaire de l'oubli Mille Latudes
Refont les gestes d'autrefois dans leur cachot
Et semble-t-il ça ne leur fait ni froid ni chaud

L'ère des phrases mécaniques recommence
L'homme dépose enfin l'orgueil et la romance

Qui traîne sur sa lèvre est un air idiot
Qu'il a trop entendu grâce à la radio

Vingt ans L'espace à peine d'une enfance et n'est-ce
Pas sa pénitence atroce pour notre aînesse
Que de revoir après vingt ans les tout petits
D'alors les innocents avec nous repartis

Vingt ans après Titre ironique où notre vie
S'inscrivit tout entière et le songe dévie
Sur ces trois mots moqueurs d'Alexandre Dumas
Père avec l'ombre de celle que tu aimas.

Il n'en est qu'une la plus belle la plus douce
Elle seule surnage ainsi qu'octobre rousse
Elle seule l'angoisse et l'espoir mon amour
Et j'attends qu'elle écrive et je compte les jours

Tu n'as de l'existence eu que la moitié mûre
Ô ma femme les ans réfléchis qui nous furent
Parcimonieusement comptés mais heureux
Où les gens qui parlaient de nous disaient Eux deux

Va tu n'as rien perdu de ce mauvais jeune homme
Qui s'efface au lointain comme un signe ou mieux comme
Une lettre tracée au bord de l'Océan
Tu ne l'as pas connu cette ombre ce néant

Un homme change ainsi qu'au ciel font les nuages
Tu passais tendrement la main sur mon visage

Et sur l'air soucieux que mon front avait pris
T'attardant à l'endroit où les cheveux sont gris
Ô mon amour ô mon amour toi seule existes
À cette heure pour moi du crépuscule triste
Où je perds à la fois le fil de mon poème
Et celui de ma vie et la joie et la voix
Parce que j'ai voulu te redire Je t'aime
Et que ce mot fait mal quand il est dit sans toi

LOUIS ARAGON

52

PETITE SUITE SANS FIL

I

Hilversum Kalundborg Brno L'univers crache
Des parasites dans Mozart Du lundi au
Dimanche l'idiot speaker te dédie Ô
Silence l'insultant pot-pourri qu'il rabâche

Mais Jupiter tonnant amoureux d'une vache
Princesse avait laissé pourtant en rade Io
Qui tous les soirs écoutera la radio
Pleine des poux bruyants de l'époux qui se cache

Comme elle – c'est la guerre – écoutant cette voix
Les hommes restent là stupides et caressent
Toulouse PTT Daventry Bucarest

Et leur espoir le bon vieil espoir d'autrefois
Interroge l'éther qui lui donne pour reste
Les petites pilules Carter pour le foie

LOUIS ARAGON

53

LES LILAS ET LES ROSES

Ô mois des floraisons mois des métamorphoses
Mai qui fut sans nuage et Juin poignardé
Je n'oublierai jamais les lilas ni les roses
Ni ceux que le printemps dans ses plis a gardés

Je n'oublierai jamais l'illusion tragique
Le cortège les cris la foule et le soleil
Les chars chargés d'amour les dons de la Belgique
L'air qui tremble et la route à ce bourdon d'abeilles
Le triomphe imprudent qui prime la querelle
Le sang que préfigure en carmin le baiser
Et ceux qui vont mourir debout dans les tourelles
Entourés de lilas par un peuple grisé

Je n'oublierai jamais les jardins de la France
Semblables aux missels des siècles disparus
Ni le trouble des soirs l'énigme du silence
Les roses tout le long du chemin parcouru
Le démenti des fleurs au vent de la panique
Aux soldats qui passaient sur l'aile de la peur
Aux vélos délirants aux canons ironiques
Au pitoyable accoutrement des faux campeurs
Mais je ne sais pourquoi ce tourbillon d'images
Le ramène toujours au même point d'arrêt
À Sainte-Marthe Un général De noirs ramages
Une villa normande au bord de la forêt
Tout se tait L'ennemi dans l'ombre se repose
On nous a dit ce soir que Paris s'est rendu
Je n'oublierai jamais les lilas ni les roses
Et ni les deux amours que nous avons perdus

Bouquets du premier jour lilas lilas des Flandres
Douceur de l'ombre dont la mort farde les joues
Et vous bouquets de la retraite roses tendres
Couleur de l'incendie au loin roses d'Anjou

LOUIS ARAGON

54

AVIS

La nuit qui précéda sa mort
Fut la plus courte de sa vie

L'idée qu'il existait encore
Lui brûlait le sang aux poignets
Le poids de son corps l'écœurait
Sa force le faisait gémir
C'est tout au fond de cette horreur
Qu'il a commencé à sourire
Il n'avait pas UN camarade
Mais des millions et des millions
Pour le venger il le savait
Et le jour se leva pour lui.

PAUL ELUARD

55

COURAGE

Paris a froid Paris a faim
Paris ne mange plus de marrons dans la rue
Paris a mis de vieux vêtements de vieille
Paris dort tout debout sans air dans le métro
Plus de malheur encore est imposé aux pauvres
Et la sagesse et la folie
De Paris malheureux
C'est l'air pur c'est le feu
C'est la beauté c'est la bonté
De ses travailleurs affamés
Ne crie pas au secours Paris

Tu es vivant d'une vie sans égale
Et derrière la nudité
De ta pâleur de ta maigreur
Tout ce qui est humain se révèle en tes yeux
Paris ma belle ville
Fine comme une aiguille forte comme une épée
Ingénue et savante
Tu ne supportes pas l'injustice
Pour toi c'est le seul désordre
Tu vas te libérer Paris
Paris tremblant comme une étoile
Notre espoir survivant
Tu vas te libérer de la fatigue et de la boue
Frères ayons du courage
Nous qui ne sommes pas casqués
Ni bottés ni gantés ni bien élevés
Un rayon s'allume en nos veines
Notre lumière nous revient
Les meilleurs d'entre nous sont morts pour nous
Et voici que leur sang retrouve notre cœur
Et c'est de nouveau le matin un matin de Paris
La pointe de la délivrance
L'espace du printemps naissant
La force idiote a le dessous
Ces esclaves nos ennemis
S'ils ont compris
S'ils sont capables de comprendre
Vont se lever.

1942.

PAUL ELUARD

COUVRE-FEU

Que voulez-vous la porte était gardée

Que voulez-vous nous étions enfermés

Que voulez-vous la rue était barrée

Que voulez-vous la ville était matée

Que voulez-vous elle était affamée

Que voulez-vous nous étions désarmés

Que voulez-vous la nuit était tombée

Que vouliez-vous nous nous sommes aimés.

PAUL ELUARD

AMOUR DU PROCHAIN

Qui a vu le crapaud traverser une rue ? c'est un tout petit homme : une poupée n'est pas plus minuscule. Il se traîne sur les genoux : il a honte, on dirait... ? non ! Il est rhumatisant, une jambe reste en arrière, il la ramène ! Où va-t-il ainsi ? Il sort de l'égout, pauvre clown. Personne n'a remarqué ce crapaud dans la rue. Jadis personne ne me remarquait dans la rue, maintenant les enfants se moquent de mon étoile jaune. Heureux crapaud ! tu n'as pas l'étoile jaune.

MAX JACOB

58

TROIS GÉNÉRATIONS

Mon Dieu, mon Dieu, pourquoi
m'as-tu abandonné ?

Psaume 22, 2, Matthieu 27, 46

Le père mourut dans la boue de Champagne
Le fils mourut dans la crasse d'Espagne

Le petit s'obstinait à rester propre
Les Allemands en firent du savon

PAUL VALET

59

À SAINT-JUST

Noir et beau sur ce portrait prédestiné
Tu as le sourire chaste d'une fille
L'élégance de chair et le velours porté
Dans un princier pays d'arbres solaires,

Ô tribun ! impitoyable nom sacré
Et suiveur très insoucieux de la Justice
Bel esprit de matière enfer de volonté
Amant jusqu'au plein sang sur les places publiques
De la Liberté les tambours roulant noirs !

Saint-Just épouvantable à l'ennemi secret
À l'intime ennemi quand l'ennemi des hoirs
Déverse ! nous allons revoir ta vérité
Ton amour et ta herse.

PIERRE JEAN JOUVE

MARÉCHAL DUCONO

Maréchal Ducono se page avec méfiance,
Il rêve à la rebiffe et il crie au charron
Car il se sent déjà loquedu et marron
Pour avoir arnaqué le populo de France.

S'il peut en écraser, s'étant rempli la panse,
En tant que maréchal à maousse ration,
Peut-il être à la bonne, ayant dans le croupion
Le pronostic des fumerons perdant patience ?

À la péter les vieux et les mignards calenchent,
Les durs bossent à cran et se brossent le manche :
Maréchal Ducono continue à pioncer.

C'est tarte, je t'écoute, à quatre-vingt-six berges,
De se savoir vomi comme fiotte et faux derge
Mais tant pis pour son fade, il aurait dû clamser.

ROBERT DESNOS

COUPLETS
DE LA RUE SAINT-MARTIN

Je n'aime plus la rue Saint-Martin
Depuis qu'André Platard l'a quittée.
Je n'aime plus la rue Saint-Martin,
Je n'aime rien, pas même le vin.

Je n'aime plus la rue Saint-Martin
Depuis qu'André Platard l'a quittée.
C'est mon ami, c'est mon copain.
Nous partagions la chambre et le pain.
Je n'aime plus la rue Saint-Martin.

C'est mon ami, c'est mon copain.
Il a disparu un matin,
Ils l'ont emmené, on ne sait plus rien.
On ne l'a plus revu dans la rue Saint-Martin.

Pas la peine d'implorer les saints,
Saints Merri, Jacques, Gervais et Martin,
Pas même Valérien qui se cache sur la colline.

Le temps passe, on ne sait rien.
André Platard a quitté la rue Saint-Martin.

1942.

ROBERT DESNOS

61a

TRENTE-TROIS SONNETS COMPOSÉS AU SECRET – VIII

Il n'y avait que des troncs déchirés,
Que couronnaient des vols de corbeaux ivres,
Et le château était couleur de givre,
Ce soir de fer où je m'y présentai.

Je n'avais plus avec moi ni mes livres,
Ni ma compagne, l'âme, et ses péchés,
Ni cette enfant qui tant rêvait de vivre,
Quand je l'avais sur terre rencontrée.

Les murs étaient blanchis au lait de sphynge
Et les dalles rougies au sang d'Orphée.
Des mains sans grâce avaient tendu des linges

Aux fenêtres borgnes comme des fées.
La scène était prête pour des acteurs
Fous et cruels à force de bonheur.

JEAN CASSOU

IV

TRENTE, QUARANTE, ETC.

62

L'ÉPITAPHE

J'ai vécu dans ces temps et depuis mille années
Je suis mort. Je vivais, non déchu mais traqué.
Toute noblesse humaine étant emprisonnée
J'étais libre parmi les esclaves masqués.

J'ai vécu dans ces temps et pourtant j'étais libre.
Je regardais le fleuve et la terre et le ciel
Tourner autour de moi, garder leur équilibre
Et les saisons fournir leurs oiseaux et leur miel.

Vous qui vivez qu'avez-vous fait de ces fortunes ?
Regrettez-vous les temps où je me débattais ?
Avez-vous cultivé pour des moissons communes ?
Avez-vous enrichi la ville où j'habitais ?

Vivants, ne craignez rien de moi, car je suis mort.
Rien ne survit de mon esprit ni de mon corps.

ROBERT DESNOS

63

L'esprit du poète est par hasard tombé
sur le vieux texte de l'Ecclésiaste :
Tout y est vanité et poursuite du vent.

Songe un peu au soleil de ta jeunesse
Celui qui brillait quand tu avais dix ans
Étonnement te souviens-tu du soleil de ta jeunesse
Si tu fixes bien tes yeux
Si tu les rétrécis
Tu peux encor l'apercevoir
Il était rose
Il occupait la moitié du ciel
Tu pouvais toi le regarder en face
Étonnement mais quoi c'était si naturel
Il avait une couleur
Il avait une danse il avait un désir
Il avait une chaleur
Une facilité extraordinaire
Il t'aimait
Tout cela que parfois au milieu de ton âge et courant
    dans le train le long des forêts au matin
Tu as cru imaginer
En toi-même
C'est dans le cœur que sont rangés les vieux soleils

Car là il n'a pas bougé voilà ce soleil
Mais oui il est là
J'ai vécu j'ai régné
J'ai éclairé par un si grand soleil
Hélas il est mort
Hélas il n'a jamais
Été
Oh ce soleil dis-tu
Et pourtant ta jeunesse était malheureuse

PIERRE JEAN JOUVE

64

REPOS DANS LE MALHEUR

Le Malheur, mon grand Laboureur,
le malheur, assois-toi ; repose-toi,
reposons-nous un peu toi et moi,
repose,
tu me trouves, tu m'éprouves, tu me le prouves.
Je suis ta ruine.

Mon grand théâtre, mon havre, mon âtre,
ma cave d'or,
mon avenir, ma vraie mère, mon horizon.

Dans ta lumière, dans ton ampleur, dans ton horreur,
je m'abandonne.

HENRI MICHAUX

65

SUR LE CHEMIN DE LA MORT

Sur le chemin de la Mort,
ma mère rencontra une grande banquise ;
elle voulut parler,
il était déjà trop tard,
une grande banquise d'ouate.
Elle nous regarda, mon frère et moi,
et puis elle pleura.

Nous lui dîmes — mensonge vraiment absurde — que
nous comprenions bien.
Elle eut alors ce si gracieux sourire de toute jeune
fille,
qui était vraiment elle,
un si joli sourire, presque espiègle ;
ensuite, elle fut prise dans l'Opaque.

HENRI MICHAUX

EMPORTEZ-MOI

Emportez-moi dans une caravelle,
Dans une vieille et douce caravelle,
Dans l'étrave, ou si l'on veut, dans l'écume,
Et perdez-moi, au loin, au loin.

Dans l'attelage d'un autre âge.
Dans le velours trompeur de la neige.
Dans l'haleine de quelques chiens réunis.
Dans la troupe exténuée des feuilles mortes.

Emportez-moi sans me briser, dans les baisers,
Dans les poitrines qui se soulèvent et respirent,
Sur les tapis des paumes et leur sourire,
Dans les corridors des os longs, et des articulations.

Emportez-moi, ou plutôt enfouissez-moi.

HENRI MICHAUX

67

NUIT DE NOCES

Si, le jour de vos noces, en rentrant, vous mettez votre femme à tremper la nuit dans un puits, elle est abasourdie. Elle a beau avoir toujours eu une vague inquiétude...

« Tiens, tiens, se dit-elle, c'est donc ça, le mariage. C'est pourquoi on en tenait la pratique si secrète. Je me suis laissé prendre en cette affaire. »

Mais étant vexée, elle ne dit rien. C'est pourquoi vous pourrez l'y plonger longuement et maintes fois, sans causer aucun scandale dans le voisinage.

Si elle n'a pas compris la première fois, elle a peu de chances de comprendre ultérieurement, et vous avez beaucoup de chances de pouvoir continuer sans incident (la bronchite exceptée) si toutefois ça vous intéresse.

Quant à moi, ayant encore plus mal dans le corps des autres que dans le mien, j'ai dû y renoncer rapidement.

HENRI MICHAUX

68

L'ÂGE HÉROÏQUE

Le Géant Barabo, en jouant, arracha l'oreille de son frère Poumapi.

Poumapi ne dit rien, mais comme par distraction il serra le nez de Barabo et le nez fut emporté.

Barabo en réponse se baissa, rompit les orteils de Poumapi et après avoir d'abord feint de vouloir jongler avec, les fit disparaître prestement derrière son dos.

Poumapi fut surpris. Mais il était trop fin joueur pour en rien marquer. Il fit au contraire celui que quelques orteils de moins ne privent pas.

Cependant, par esprit de riposte, il faucha une fesse de Barabo.

Barabo, on peut le croire, tenait à ses fesses, à l'une comme à l'autre. Cependant il dissimula son sentiment et reprenant tout de suite la lutte, arracha avec une grande cruauté unie à une grande force la mâchoire inférieure de Poumapi.

Poumapi fut désagréablement surpris. Mais il n'y avait rien à dire. Le coup était franc, il avait été exécuté en face, sans tricherie aucune.

Poumapi essaya même de sourire, ce fut dur, oh! ce fut dur.

L'extérieur ne s'y prêtait pas, l'intérieur non plus. Il ne s'attarda donc pas à cet effort, mais suivant son idée, il reprit la lutte, visa le nombril, défonça l'abdomen, et par le trou entreprit d'introduire le pied même de Barabo, qu'il parvint à tordre d'abord puis à immobiliser dans la plaie comme une borne.

Barabo se trouva surpris.

Son équilibre sur une seule jambe sans orteils laissait bien à désirer. Mais il n'en témoigna rien, fit celui qui est à l'aise, qui a des appuis partout, et attendit.

À ce moment Poumapi, qui avait presque gagné, commit une grande faute. Il s'approcha.

Alors, comme une flèche, Barabo plongea, fut sur lui, lui démit un bras, s'accrocha à l'autre, le démit pareillement, et s'effondra d'une chute si savante sur le malchanceux Poumapi qu'il lui brisa les deux jambes.

Couchés corps à corps, pareillement exténués, et accablés de souffrance, Poumapi et Barabo essayaient vainement de s'étrangler.

Le pouce de Poumapi était bien appliqué au cou, mais les forces pour serrer efficacement lui manquaient.

Les mains de Barabo étaient encore assez nerveuses, mais la prise était mauvaise, il serrait inutilement le cou de Poumapi.

Devant ce comble de circonstances adverses le cœur des deux frères faillit, ils se regardèrent quelques instants avec une grandissante indifférence puis, se retournant chacun de leur côté, s'évanouirent.

La lutte était terminée, du moins pour aujourd'hui.

HENRI MICHAUX

69

Même les pays, les beaux pays,
Les collines, les routes qui les brouillent,
Les étendues de la terre

Me prenaient du cœur et du temps,
Et jamais ne me répondaient, ne m'avançaient.

Et j'avais beau regarder longtemps
Les ponts, leur pierre, leurs piles,
J'étais comme l'eau qui embrasse
Et en même temps est chassée.

Aucun arbre avec sa ramure de feuilles,
De cris, de printemps, d'agitations
Ne me répondait ; seul le vent
Me disait le sombre but de notre fuite à tous deux.

Aucun chien hurlant, ou doux, ou ployé,
Ne répondait à ma question,
Et toujours à contre-temps me montrait ses yeux humains.

Quant aux maisons, aux gens, aux palais,
Aux champs, aux tas de pierre
Je ne leur demandais rien, ils échappaient
Comme une vapeur infinie à respirer.

Et comme eux, comme eux tous
Compagnons étrangers de ma course
Je m'évaporais.
Un oiseau chante
Pour rien et le vent tombe et monte.

PIERRE MORHANGE

70

AVENIR !

La cavalerie des ronces s'est ruée sur moi
Et je souffrais de mille pointes, car je n'étais pas un terrain !
Puis à nouveau de simples meules m'ont effacé
Et je suis le fond d'une pierre décharnée
Mur de sécheresse
Scintillant et affreux
Miroir sans fond où le malheur
Dont vous voyez les talons
Entre et s'enfonce,
Mine de sécheresse,
Immondice de la nature,
Dernier éclat, dernier os du volcan dévoré,
Sans herbe, sans couleur, sans différence, sans description,
Fardeau éloigné de tout,
Erreur solitaire et sans famille,
Fournaise sans flamme,
Roc qui sera tout d'un coup glacé.

PIERRE MORHANGE

DEUX PAYSANS

Ma bien-aimée
Si le château veut bien
Si la plaine du château veut bien
Si l'odeur de l'eau du château veut bien

Si la feuille qui passe entre les feuilles
Si l'oreille des écorces
Si les fourmis de l'ombre
Veulent bien, veulent bien
Nous serons à nous.

PIERRE MORHANGE

LE CAGEOT

À mi-chemin de la cage au cachot la langue française a cageot, simple caissette à claire-voie vouée au transport de ces fruits qui de la moindre suffocation font à coup sûr une maladie.

Agencé de façon qu'au terme de son usage il puisse être brisé sans effort, il ne sert pas deux fois. Ainsi dure-t-il moins encore que les denrées fondantes ou nuageuses qu'il enferme.

À tous les coins de rues qui aboutissent aux halles, il luit alors de l'éclat sans vanité du bois blanc. Tout neuf encore, et légèrement ahuri d'être dans une pose maladroite à la voirie jeté sans retour, cet objet est en somme des plus sympathiques, – sur le sort duquel il convient toutefois de ne s'appesantir longuement.

FRANCIS PONGE

73

L'HUÎTRE

L'huître, de la grosseur d'un galet moyen, est d'une apparence plus rugueuse, d'une couleur moins unie, brillamment blanchâtre. C'est un monde opiniâtrement clos. Pourtant on peut l'ouvrir : il faut alors la tenir au creux d'un torchon, se servir d'un couteau ébréché et peu franc, s'y reprendre à plusieurs fois. Les doigts curieux s'y coupent, s'y cassent les ongles : c'est un travail grossier. Les coups qu'on lui porte marquent son enveloppe de ronds blancs, d'une sorte de halos.

À l'intérieur l'on trouve tout un monde, à boire et à manger : sous un *firmament* (à proprement parler) de nacre, les cieux d'en-dessus s'affaissent sur les cieux d'en-dessous, pour ne plus former qu'une mare, un sachet visqueux et verdâtre, qui flue et reflue à l'odeur et à la vue, frangé d'une dentelle noirâtre sur les bords.

Parfois très rare une formule perle à leur gosier de nacre, d'où l'on trouve aussitôt à s'orner.

FRANCIS PONGE

74

CHOSES

L'armoire était de chêne
Et n'était pas ouverte.

Peut-être il en serait tombé des morts,
Peut-être il en serait tombé du pain.

Beaucoup de morts.
Beaucoup de pain.

GUILLEVIC

75

METS

Ô mets, macaronis, merluches pour longues dents,
or boueux des confitures d'abricot,

101

venaisons des mortels mariages,
coquillages : repas de jeunesse,
paons pour les vierges pures
et les traîtres,
haricots qui gonflent les dragons
et jusqu'à la mâche amère
des repas de deuil
et jusqu'au poulet sans tendresse
des repas de fin d'amour.

JEAN FOLLAIN

76

PARLER SEUL

Il arrive que pour soi
l'on prononce quelques mots
seul sur cette étrange terre
alors la fleurette blanche
le caillou semblable à tous ceux du passé
la brindille de chaume
se trouvent réunis
au pied de la barrière
que l'on ouvre avec lenteur
pour rentrer dans la maison d'argile

tandis que chaises, table, armoire
s'embrasent d'un soleil de gloire.

JEAN FOLLAIN

77

GLACE ROUGE

L'an mil huit cent douze en Russie
quand les soldats faisaient retraite
au milieu de cadavres
d'hommes et de chevaux
avait gelé le vin robuste
la hache du sapeur
dut alors partager
entre tous même moribonds
le bloc de glace rouge
à forme de futaille
qu'aucun musée
n'eût pu jamais garder.

JEAN FOLLAIN

FOURMIS NOIRES

Les mains aux poches il regarde
le monde des fourmis noires
leur sang couleur de laque
leurs aiguillons
leurs larves blanches
frémissantes aux vibrations
d'une cloche
son violon de jeune homme dort dans un coffre
et la nuit va semer ses étoiles
sur la carte céleste.

JEAN FOLLAIN

79

ÉPITAPHE

Quand je remettrai mon ardoise au néant
un de ces prochains jours,
il ne me ricanera pas à la gueule.

Mes chiffres ne sont pas faux,
ils font un zéro pur.
Viens mon fils, dira-t-il de ses dents froides,
dans le sein dont tu es digne.
Je m'étendrai dans sa douceur.

Mai-septembre 1938.

ANDRÉ FRÉNAUD

80

BRANDEBOURG

À Daniel Engelbach

Le Margrave de Brandebourg m'a fait trier du sable
dans les pins
pour le cœur de la Bétonneuse,
et mon sang de ciment battait jusque dans mes songes.
Les grandes murailles s'éclairaient au lever du jour
et le soir les bouleaux se promènent comme des flamants.
La cigogne est partie du clocher de Quitzöbel,
qui passera au-dessus de mon pays ravagé,
panoplie de chevaux morts et des larmes
qui n'ont pas fini de mûrir
pour devenir la perle qui nous rachètera,
au-dessus de ma vie qui m'attend
et qui est morte

en Bourgogne et à Paris.
Et Notre-Dame s'est tournée vers moi et me sourit,
qui est l'aînée de nos fiancées.
Je suis sur ma pelle, tendu vers le couchant,
le sable coule de mon visage.

Septembre 1940.

ANDRÉ FRÉNAUD

81

ROMAN-FEUILLETON

Donc, une auto s'arrêta devant l'hôtel à Chartres. Savoir qui était dans cette auto, devant cet hôtel, si c'était Toto, si c'était Totel, voilà ce que vous voudriez savoir, mais vous ne le saurez jamais... jamais... La fréquentation des Parisiens a fait beaucoup de bien aux hôteliers de Chartres, mais la fréquentation des hôteliers de Chartres a fait beaucoup de mal aux Parisiens pour certaines raisons. Un garçon d'hôtel prit les bottes du propriétaire de l'auto et les cira : ces bottes furent mal cirées, car l'abondance des autos dans les hôtels empêchait les domestiques de prendre les dispositions nécessaires à un bon cirage de bottes ; fort heureusement, la même abondance empêcha notre héros d'apercevoir que ses bottes étaient mal cirées. Que venait faire notre héros dans cette vieille cité de Chartres, qui est si connue ? il venait chercher un médecin, parce qu'il n'y en a pas assez à Paris pour le nombre de maladies qu'il avait.

MAX JACOB

82

Dans Londres, la grande ville,
Il est un être plus seul
Qu'un naufragé dans son île
Et qu'un mort dans son linceul.
Grand badaud, petit rentier.
Jeanne, voilà son métier.

À Douvres un original
Tombe un jour dans le chenal.
Il appelle au sauvetage.
Il se cramponne au récif.
Mais vers lui nul cœur ne nage...
Adèle, ainsi meurt l'oisif.

Le grand Chinois de Lancastre
Vous attire avec des fleurs...
Puis vous inonde d'odeurs...
Bientôt sa pipe est votre astre !
Du lys au pavot, Cécile,
La route, hélas, est docile !

Le lord prévôt d'Édimbourg
Dit que l'amour est chimère.
Mais un jour il perd sa mère...
Ses larmes coulent toujours.
Irène, petite Irène,
L'Amour c'est la grande peine.

Et du rose à tes lèvres
Et maintenant balance ton éventail
Pour qu'il y ait encore sur la terre
Des nuits après les jours
Des jours après les nuits.

JEAN GIRAUDOUX

83

BAIGNADE

Où allez-vous avec vos tas de carottes ?
Où allez-vous, nom de Dieu ?
Avec vos têtes de veaux
Et vos cœurs à l'oseille ?
Où allez-vous ? Où allez-vous ?

Nous allons pisser dans les trèfles
Et cracher dans les sainfoins.

Où allez-vous avec vos têtes de veaux ?
Où allez-vous avec embarras ?
Le soleil est un peu liquide
Un peu liquide cette nuit.
Où allez-vous, têtes à l'oseille ?

Nous allons pisser dans les trèfles
Et cracher dans les sainfoins.

Où allez-vous ? Où allez-vous
À travers la boue et la nuit ?
Nous allons cracher dans les trèfles
Et pisser dans les sainfoins,
Avec nos airs d'andouilles
Avec nos becs-de-lièvre
Nous allons pisser dans les trèfles.

Arrêtez-vous. Je vous rejoins.
Je vous rattrape ventre à terre
Andouilles vous-mêmes et mes copains
Je vais pisser dans les trèfles
Et cracher dans les sainfoins.

Et pourquoi ne venez-vous pas ?
Je ne vais pas bien, je vais mieux.
Cœurs d'andouilles et couilles de lions !
Je vais pisser, pisser avec vous
Dans les trèfles
Et cracher dans les sainfoins.
Baisers d'après minuit vous sentez la rouille
Vous sentez le fer, vous sentez l'homme

Vous sentez ! Vous sentez la femme.
Vous sentez encore mainte autre chose :
Le porte-plume mâché à quatre ans
Quand on apprend à écrire,
Les cahiers neufs, les livres d'étrennes
Tout dorés et peints d'un rouge
Qui poisse et saigne au bout des doigts.
Baisers d'après minuit,
Baignades dans les ruisseaux froids
Comme un fil de rasoir.

ROBERT DESNOS

84

IL PLEUT

Averse averse averse averse averse averse
pluie ô pluie ô pluie ô ! ô pluie ô pluie ô pluie !
gouttes d'eau gouttes d'eau gouttes d'eau gouttes d'eau
parapluie ô parapluie ô paraverse ô !
paragouttes d'eau paragouttes d'eau de pluie
capuchons pèlerines et imperméables
que la pluie est humide et que l'eau mouille et mouille !
mouille l'eau mouille l'eau mouille l'eau mouille l'eau
et que c'est agréable agréable agréable
d'avoir les pieds mouillés et les cheveux humides
tout humides d'averse et de pluie et de gouttes

d'eau de pluie et d'averse et sans un paragoutte
pour protéger les pieds et les cheveux mouillés
qui ne vont plus friser qui ne vont plus friser
à cause de l'averse à cause de la pluie
à cause de l'averse et des gouttes de pluie
des gouttes d'eau de pluie et des gouttes d'averse
cheveux désarçonnés cheveux sans parapluie

RAYMOND QUENEAU

85

LA PENDULE

I

Je mballadais sulles boulevards
Lorsque jrencontre lami Bidard
Il avait l'air si estomaqué
Que jlui ai dmandé dsesspliquer
   « Eh bien voilà me dit-il
Jviens davaler ma pendule
Alors jvais chez lchirurgien
Car jai une peupeur de chien
Que ça mtombe dans les vestibules »

II

Un mois après jrevois mon copain
Il avait lair tout skia dplus rupin
Alors je suis été ltrouver
Et jlavons sommé dsesspliquer
          « Eh bien voilà me dit-il
Jgagne ma vie avec ma pendule
J'ai su lestomac un petit cadran
Je vends lheure à tous les passants
En attendant qjai lcadran sulles vestibules »

III

À la fin ltype issuissida
Lossquil eut vu qpersonne lopéra
Et comme jarrivais juste sul chantier
Moi je lui ai demandé qui vienne sesspliquer
« Eh bien voilà me dit-il
Jen avais assez davoir une pendule
Ça mempêchait ddormir la nuit
Pour la remonter fallait mfaire un trou dans ldos
Jpréfère être pendu qpendule »

Lorsquil fut mort jvais à son enterrment
Cétait lmatin ça mennuyait bien
Mais lorsqui fut dans ltrou ah skon rigola
Quand au fond dla bière le septième coup dmidi tinta
Eh bien voilà voilà voilà
Il avait avalé une pendule
Ça narrive pas à tous les chrétiens
Même à ceux quont un estomm de chien
Et du cœur dans les vestibules

RAYMOND QUENEAU

86

L'EXPLICATION DES MÉTAPHORES

Loin du temps, de l'espace, un homme est égaré,
Mince comme un cheveu, ample comme l'aurore,
Les naseaux écumants, les deux yeux révulsés,
Et les mains en avant pour tâter le décor

— D'ailleurs inexistant. Mais quelle est, dira-t-on,
La signification de cette métaphore :
« Mince comme un cheveu, ample comme l'aurore »
Et pourquoi ces naseaux hors des trois dimensions ?

Si je parle du temps, c'est qu'il n'est pas encore,
Si je parle d'un lieu, c'est qu'il a disparu,
Si je parle d'un homme, il sera bientôt mort,
Si je parle du temps, c'est qu'il n'est déjà plus,

Si je parle d'espace, un dieu vient le détruire,
Si je parle des ans, c'est pour anéantir,
Si j'entends le silence, un dieu vient y mugir
Et ses cris répétés ne peuvent que me nuire.

Car ces dieux sont démons ; ils rampent dans l'espace
Minces comme un cheveu, amples comme l'aurore,
Les naseaux écumants, la bave sur la face,
Et les mains en avant pour saisir un décor

– D'ailleurs inexistant. Mais quelle est, dira-t-on,
La signification de cette métaphore
« Minces comme un cheveu, amples comme l'aurore »
Et pourquoi cette face hors des trois dimensions ?

Si je parle des dieux, c'est qu'ils couvrent la mer
De leur poids infini, de leur vol immortel,
Si je parle des dieux, c'est qu'ils hantent les airs,
Si je parle des dieux, c'est qu'ils sont perpétuels,

Si je parle des dieux, c'est qu'ils vivent sous terre,
Insufflant dans le sol leur haleine vivace,
Si je parle des dieux, c'est qu'ils couvent le fer,
Amassent le charbon, distillent le cinabre.

Sont-ils dieux ou démons ? Ils emplissent le temps,
Minces comme un cheveu, amples comme l'aurore,
L'émail des yeux brisés, les naseaux écumants,
Et les mains en avant pour saisir un décor

— D'ailleurs inexistant. Mais quelle est, dira-t-on,
La signification de cette métaphore
« Mince comme un cheveu, ample comme une aurore »
Et pourquoi ces deux mains hors des trois dimensions ?

Oui, ce sont des démons. L'un descend, l'autre monte.
À chaque nuit son jour, à chaque mont son val,
À chaque jour sa nuit, à chaque arbre son ombre,
À chaque être son Non, à chaque bien son mal,

Oui, ce sont des reflets, images négatives,
S'agitant à l'instar de l'immobilité,
Jetant dans le néant leur multitude active
Et composant un double à toute vérité.

Mais ni dieu ni démon l'homme s'est égaré,
Mince comme un cheveu, ample comme l'aurore,
Les naseaux écumants, les deux yeux révulsés,
Et les mains en avant pour tâter un décor

— D'ailleurs inexistant. C'est qu'il est égaré ;
Il n'est pas assez mince, il n'est pas assez ample :
Trop de muscles tordus, trop de salive usée.
Le calme reviendra lorsqu'il verra le Temple
De sa forme assurer sa propre éternité.

RAYMOND QUENEAU

POUR UN ART POÉTIQUE

v

Bon dieu de bon dieu que j'ai envie d'écrire un petit
　poème
Tiens en voilà justement un qui passe
Petit petit petit
viens ici que je t'enfile
sur le fil du collier de mes autres poèmes
viens ici que je t'entube
dans le comprimé de mes œuvres complètes
viens ici que je t'enpapouète
et que je t'enrime
et que je t'enrythme
et que je t'enlyre
et que je t'enpégase
et que je t'enverse
et que je t'enprose

la vache
il a foutu le camp

RAYMOND QUENEAU

88

L'INSTANT FATAL

Quand nous pénétrerons la gueule de travers
  dans l'empire des morts

avecque nos verrues nos poux et nos cancers
  comme en ont tous les morts

lorsque narine close on ira dans la terre
  rejoindre tous les morts

après dégustation de pompe funéraire
  qui asperge les morts

quand la canine molle on mordra la poussière
  que font les os des morts

des bouchons dans l'oreille et le bec dans la bière
  abreuvoir pour les morts

lorsque le corps bien las fatigue médullaire
  qui esquinte les morts

et le cerveau mité un peu genre gruyère
  apanage des morts

quand le chose flétri les machines précaires
                guère baisent les morts

et le dos tout voûté la charpente angulaire
                peu souples sont les morts

nous irons retrouver le cafard mortuaire
                qui grignote les morts

charriant notre cercueil vers notre cimetière
                où bougonnent les morts

lorsque le monde aura marmonné ses prières
                qui rassurent les morts

et remis notre cause ès dossiers des notaires
                ce qui forclôt les morts

distribuant nos argents comme nos inventaires
                nos défroques de morts

aux vifs qui comme nous enrhumés éternuèrent
                se mouchent plus les morts

quand nous pénétrerons la gueule de travers
                dans l'empire des morts

alors il nous faudra lugubres lampadaires
                s'éteindre comme morts

et brusquement boucler le cercle élémentaire
                qui nous agrège aux morts

il nous faudra brûler nos volontés dernières
à la flamme des morts

et récapituler d'une façon scolaire
nos souvenirs de morts

tu te revois enfant tu souris à la terre
qui recouvre les morts

et tu souris au ciel toit bleu du luminaire
l'oublient vite les morts

tu souris à l'espace irrité de la mer
qui engloutit les morts

et tu souris au feu le bon incendiaire
qui combure les morts

on te sourit à toi c'est ton papa ta mère
maintenant simples morts

de même que tontons cousins chats et grands-pères
ne sais-tu qu'ils sont morts

et le bon chien Arthur le caniche Prosper
ouah ouah qu'ils font les morts

et non moins décédés les glavieux magisters
de ton temps déjà morts

et non moins macchabés le boucher l'épicière
une cité de morts

puis te voilà jeune homme et tu vas à la guerre
où foisonnent les morts

après tu te maries ensuite tu es père
procréant futurs morts

tu as un bon métier tu vis et tu prospères
en profitant des morts

te voilà bedonnant tu grisonnes gros père
tu exècres les morts

puis c'est la maladie et puis c'est la misère
tu t'inquiètes des morts

toussant et tremblotant tout doux tu dégénères
tu ressembles aux morts

jusqu'au jour où foutu la gueule de travers
plongeant parmi les morts

essayant d'agripper la sensation première
qui n'est pas pour les morts

désireux d'oublier le vocable arbitraire
qui désigne les morts

tu veux revivre enfin la mémoire plénière
qui t'éloigne des morts

louable effort ! juste tâche ! conscience exemplaire
dont sourient les morts car

toujours l'instant fatal viendra pour nous distraire

RAYMOND QUENEAU

89

SI TU T'IMAGINES

Si tu t'imagines
si tu t'imagines
fillette fillette
si tu t'imagines
xa va xa va xa
va durer toujours
la saison des za
la saison des za
saison des amours
ce que tu te goures
fillette fillette
ce que tu te goures

Si tu crois petite
si tu crois ah ah
que ton teint de rose
ta taille de guêpe
tes mignons biceps

tes ongles d'émail
ta cuisse de nymphe
et ton pied léger
si tu crois petite
xa va xa va xa
va durer toujours
ce que tu te goures
fillette fillette
ce que tu te goures

les beaux jours s'en vont
les beaux jours de fête
soleils et planètes
tournent tous en rond
mais toi ma petite
tu marches tout droit
vers sque tu vois pas
très sournois s'approchent
la ride véloce
la pesante graisse
le menton triplé
le muscle avachi
allons cueille cueille
les roses les roses
roses de la vie
et que leurs pétales
soient la mer étale
de tous les bonheurs
allons cueille cueille
si tu le fais pas
ce que tu te goures

fillette fillette
ce que tu te goures

RAYMOND QUENEAU

90

CHANSON GRAVE

Passez loin de l'horloge
  elle mord elle mord
Passez loin de l'horloge
  y habite la mort

Les aiguilles qui tournent
  graveront vos soucis
les aiguilles qui tournent
  graveront vos ennuis

Sur tous ces beaux visages
  qui sourient sans savoir
sur tous ces beaux visages
  se grave un désespoir

Passez loin de l'horloge
  elle mord elle mord
passez loin de l'horloge
  y habite la mort

RAYMOND QUENEAU

ENCORE L'ART PO

C'est mon po – c'est mon po – mon poème
Que je veux – que je veux – éditer
Ah je l'ai – ah je l'ai – ah je l'aime
Mon popo – mon popo – mon pommier

Oui mon po – oui mon po – mon poème
C'est à pro – à propos – d'un pommier
Car je l'ai – car je l'ai – car je l'aime
Mon popo – mon popo – mon pommier

Il donn' des – il donn' des – des poèmes
Mon popo – mon popo – mon pommier
C'est pour ça – c'est pour ça – que je l'aime
La popo – la popomme – au pommier

Je la sucre – et j'y mets – de la crème
Sur la po – la popomme – au pommier
Et ça vaut – ça vaut bien – le poème
Que je vais – que je vais – éditer

RAYMOND QUENEAU

TOMBEAU
DU PROFESSEUR FROEPPEL, I
LE COCO DU BLA-BLA [1]

Foin des chi-chis, flon-flons et tralalas
Et des pioupious sur le dos des dadas [2]
Loin des can-cans, des, des bouis-bouis, des zozo,
Ce grand ding-ding [3] faisait fi du fla-fla
Et fi du fric : c'était un zigoto !

Il a fait couic, le gaga au tic-tac [4]
(Zon sur le pif, patatras et crac-crac !),
Dans son dodo il serra le kiki.

Mais les gogos, les nians-nians, les zazous
Sur son bla-bla ne feront plus houhou [5]
La Renommée lui fait kili-kili [6].

JEAN TARDIEU

1. Le spécialiste du langage   2. Gardes municipaux à cheval   3. Ce grand inspiré   4. Le Temps, selon l'allégorie classique. Mot à mot : le vieillard au sablier. Le sablier est, ici, remplacé par une pendule : Bel exemple de modernisation d'un mythe.   5. Ne contesteront plus son œuvre   6. La gloire lui accorde enfin ses faveurs.

93

L'ESPACE

I. Étant donné un mur, que se passe-t-il derrière ?

II. Quel est le plus *long* chemin d'un point à un autre ?

III. Étant donné deux points, A et B, *situés à égale distance l'un de l'autre,* comment faire pour déplacer B, sans que A s'en aperçoive ?

IV. Quand vous parlez de l'Infini, jusqu'à combien de kilomètres pouvez-vous aller sans vous fatiguer ?

V. Prolongez une ligne droite jusqu'à l'infini : qu'est-ce que vous trouverez au bout ?

JEAN TARDIEU

94

PROVERBE SANS FIN

Manger du bleu boire du gris
Font les couleurs de l'âme pâle

Couler des jours couler des nuits
Comme à travers ses mains le sable

ANDRÉ FRÉDÉRIQUE

95

AMOUR

Il lui met sa corde autour du tronc
pour la nouer

Il lui secoue les échardes

Il la vide

Il retire ses yeux

Il la pose dans le tiroir
la régale
lui montre l'alphabet
la lanterne

Elle roule siffle perd ses feuilles
sur le tapis
devant la lampe qui brûle

Leur mère à côté finit le poulet.

ANDRÉ FRÉDÉRIQUE

96

POÈME DU VICAIRE

On avait dit au vicaire tout à fait par hasard « Vous devriez faire de la poésie » et le vicaire avait composé un poème, entre autres, dont les deux premiers vers étaient :

J'aime la bonne soupe
Le soir après les vêpres

Il le montra au curé qui lui dit : « Pour la première fois, ce n'est pas mal cette histoire de soupe ; mais ça ne rime pas et ça n'a pas de rythme. À mon avis, si vous n'alliez pas si souvent à la ligne, ça serait de la prose. »

Et le vicaire concéda qu'il pourrait introduire quelque coupe. « Une coupe de vin ça n'est pas déplacé dans un bon repas et ça rime avec soupe. C'est ennuyeux pour les vêpres, dit-il, je ne vois que cèpes, mais il manque un r. Est-ce permis ? ou alors lèpres, mais comment introduire ce mot dans un morceau si joyeux ? »

« Voyez-vous, fit le curé, c'est là la difficulté de la poésie. »

Et le vicaire haussant les épaules conclut « C'est un genre faux », et n'en écrivit plus jamais d'autre.

ANDRÉ FRÉDÉRIQUE

JE SUIS COMME JE SUIS

Je suis comme je suis
Je suis faite comme ça
Quand j'ai envie de rire
Oui je ris aux éclats
J'aime celui qui m'aime
Est-ce ma faute à moi
Si ce n'est pas le même
Que j'aime chaque fois
Je suis comme je suis
Je suis faite comme ça
Que voulez-vous de plus
Que voulez-vous de moi

Je suis faite pour plaire
Et n'y puis rien changer
Mes talons sont trop hauts
Ma taille trop cambrée
Mes seins beaucoup trop durs
Et mes yeux trop cernés
Et puis après
Qu'est-ce que ça peut vous faire
Je suis comme je suis
Je plais à qui je plais

Qu'est-ce que ça peut vous faire
Ce qui m'est arrivé
Oui j'ai aimé quelqu'un
Oui quelqu'un m'a aimée
Comme les enfants qui s'aiment
Simplement savent aimer
Aimer aimer...
Pourquoi me questionner
Je suis là pour vous plaire
Et n'y puis rien changer

JACQUES PRÉVERT

98

LES BELLES FAMILLES

Louis I
Louis II
Louis III
Louis IV
Louis V
Louis VI
Louis VII
Louis VIII
Louis IX
Louis X (dit le Hutin)
Louis XI

Louis XII
Louis XIII
Louis XIV
Louis XV
Louis XVI
Louis XVIII
et plus personne plus rien...
Qu'est-ce que c'est que ces gens-là
qui ne sont pas foutus
de compter jusqu'à vingt ?

JACQUES PRÉVERT

99

LES RÂPES

FERS, ACIERS...

S'aimèrent dur sous la lune
– Fers, aciers, métaux –
Pas de roses, pas de prunes
En ce pays sans défaut.

S'aimèrent dur, belle houille
Avec tes grains dans la peau.
Pas de lis, pas de citrouille :
Fers, aciers, métaux.

C'était riche et c'était beau,
Cette lune sur l'usine,
Le gamin et la gamine,
Les seins contre la poitrine
— Fers, aciers, métaux. —

Tout allait bien. Dieu sommeille
Et la guerre est en repos.
Belle amour encor plus belle,
Ô saisons industrielles,
Parmi vos grands végétaux :

NORGE

100

JE MOURRAI D'UN CANCER
DE LA COLONNE VERTÉBRALE

Je mourrai d'un cancer de la colonne vertébrale
Ce sera par un soir horrible
Clair chaud parfumé sensuel
Je mourrai d'un pourrissement
De certaines cellules peu connues
Je mourrai d'une jambe arrachée
Par un rat géant jailli d'un trou géant
Je mourrai de cent coupures
Le ciel sera tombé sur moi

Ça se brise comme une vitre lourde
Je mourrai d'un éclat de voix
Crevant mes oreilles
Je mourrai de blessures sourdes
Infligées à deux heures du matin
Par des tueurs indécis et chauves
Je mourrai sans m'apercevoir
Que je meurs je mourrai
Enseveli sous les ruines sèches
De mille mètres de coton écroulé
Je mourrai noyé dans l'huile de vidange
Foulé aux pieds par des bêtes indifférentes
Et juste après par des bêtes différentes
Je mourrai nu ou vêtu de toile rouge
Ou cousu dans un sac avec des lames de rasoir
Je mourrai peut-être sans m'en faire
Du vernis à ongles aux doigts de pied
Et des larmes plein les mains
Et des larmes plein les mains
Je mourrai quand on décollera
Mes paupières sous un soleil enragé
Quand on se dira lentement
Des méchancetés à l'oreille
Je mourrai de voir torturer des enfants
Et des hommes étonnés et blêmes
Je mourrai rongé vivant
Par des vers je mourrai les
Mains attachées sous une cascade
Je mourrai brûlé dans un incendie triste
Je mourrai un peu beaucoup
Sans passion mais avec intérêt

Et puis quand tout sera fini
Je mourrai

BORIS VIAN

101

CHANSON VÉCUE XI

Maintenant j'erre sur la mer
Sans chagrin sans but sans escale
Les marins qui me voient de loin
Me croient sur un bateau fantôme

Je vis de vent d'embruns de rêves
Pêchés dans le creux de ma main
J'ai dû maigrir à ce régime
Aucun miroir ne me le dit

Peut-être est-ce cela la mort
Parfois cette idée me tourmente
Je parcours libre à tout jamais
L'univers des vieilles légendes

J'aimais si fort ma solitude
Que pour s'accomplir mon destin
Devait m'accorder cette gloire
De mourir seul sur l'océan.

JACQUES BENS

SUR LE NOM DE BACH [1]

Dans la gamme couleur d'automne de si bémol mineur, descend
Cette première marche jusqu'à la note sensible ! Le nom alors se hisse
Jusqu'à do, le niveau de la réalité. Et, de nouveau, du même demi-ton,
             Retombe
Sur ce si dont la vibration suspendue appelle une nouvelle ascension.
Le clavier est l'image du monde. Comme l'échelle de Jacob
       Il nous traverse de bout en bout.

Regarde la corde tendue sur son frêle berceau de bois : chaque montée,
Même d'un dièse, augmente son effort. Mais pour descendre, simplement
       Relâche sa contrainte !
Gamme qui s'élève avec peine, telle la femme de Lot, regardant en arrière, et
Sitôt qu'elle cède à sa pente, devient plus lasse encore, plus tendre aussi, plus

Condamnée, plus entraînée vers les eaux de l'amertume
et de la séparation.

Que suis-je, livré à moi-même ?

Le renard pris au piège à dents aiguës se coupe une patte
pour retrouver
Sa libre faim parmi les arbres noirs. La chenille se hâte
vers le soir
Où elle ira se brûler à la lampe. Le cerf brame après la
fraîcheur des eaux.

Rien n'est tout à fait muet.
Même la pierre est active. Rien ne se refuse, sauf,
Quand elle se complaît à elle-même dans les ténèbres de
sa captivité,

L'âme.

JEAN-PAUL DE DADELSEN

1. Dans la notation allemande, B = *si* bémol ; A = *la* ; C = *do* ;
H = *si* naturel. Ainsi traduit, le nom de Bach constitue un thème en *si*
bémol mineur, qu'il a utilisé comme troisième thème dans la grande
fugue inachevée de l'*Art de la Fugue*.

103

Faut-il toujours attendre ?

Cancer − est-ce prévoir ?
Attendre ? remettre le jour de se rompre et se défaire.

Cancer, fausse adolescence, construction de mort
quand il faudrait laisser le vent jeter à bas
les dernières tuiles sur la poutre vermoulue.

Le jour où l'orage le frappe
        le vent de l'orage le guérit.
Le feu qui lui mordit le foie et les reins
        le guérit. Il faut mourir guéri.

Je serai nettoyé si
j'éclate au vent comme citrouille vieille.
Peut-être, pour un nouveau travail, ne reprend-on
que des objets bien nettoyés ?

JEAN-PAUL DE DADELSEN

104

[PÂQUES 1957]

I

Commence, recommence n'importe où !
Il importe désormais
seulement que tu fasses chaque jour
un quelconque travail, un travail
fait seulement avec attention, avec
honnêteté. Il importe seulement

que tu apportes à bâtir indéfiniment la réalité
(jamais finie) ta très très petite part quotidienne...
À travers la lunette ou par l'œil encore unique
tu vois lentement, en détail très mal,
au total assez bien. Assez pour t'orienter.
Assez pour savoir marcher, le chemin qui peu à peu
se découvre. Assez pour tant bien que mal
faire ta part. D'ailleurs, en fait,
importe-t-il, le détail du travail,
le détail des formes du pied dans le sable,
ou bien le but où tu finis, tard, assez las,
où tu finis peut-être, parfois, par arriver ?
Mais il n'y a pas de but non plus.
Le but recule toujours vers les sables non
atteints.

JEAN-PAUL DE DADELSEN

V

LES FINS PROVISOIRES

105

CHAPELLE BRANCACCI

Veilleuse de la nuit de janvier sur les dalles,
Comme nous avions dit que tout ne mourrait pas !
J'entendais plus avant dans une ombre semblable
Un pas de chaque soir qui descend vers la mer.

Ce que je tiens serré n'est peut-être qu'une ombre,
Mais sache y distinguer un visage éternel.
Ainsi avions-nous pris vers des fresques obscures
Le vain chemin des rues impures de l'hiver.

YVES BONNEFOY

106

Le lieu était désert, le sol sonore et vacant,
La clé, facile dans la porte.
Sous les arbres du parc,
Qui allait vivre en telle brume chancelait.

L'orangerie,
Nécessaire repos qu'il rejoignait,
Parut, un peu de pierre dans les branches.

Ô terre d'un destin ! Une première salle
Criait de feuille morte et d'abandon.
Sur la seconde et la plus grande, la lumière
S'étendait, nappe rouge et grise, vrai bonheur.

YVES BONNEFOY

107

LE BEL ÉTÉ

Le feu hantait nos jours et les accomplissait,
Son fer blessait le temps à chaque aube plus grise,
Le vent heurtait la mort sur le toit de nos chambres,
Le froid ne cessait pas d'environner nos cœurs.

Ce fut un bel été, fade, brisant et sombre,
Tu aimas la douceur de la pluie en été
Et tu aimas la mort qui dominait l'été
Du pavillon tremblant de ses ailes de cendre.

Cette année-là, tu vins à presque distinguer
Un signe toujours noir devant tes yeux porté
Par les pierres, les vents, les eaux et les feuillages.

Ainsi le soc déjà mordait la terre meuble
Et ton orgueil aima cette lumière neuve,
L'ivresse d'avoir peur sur la terre d'été.

YVES BONNEFOY

108

À LA VOIX
DE KATHLEEN FERRIER

Toute douceur toute ironie se rassemblaient
Pour un adieu de cristal et de brume,
Les coups profonds du fer faisaient presque silence,
La lumière du glaive s'était voilée.

Je célèbre la voix mêlée de couleur grise
Qui hésite aux lointains du chant qui s'est perdu
Comme si au-delà de toute forme pure
Tremblât un autre chant et le seul absolu.

Ô lumière et néant de la lumière, ô larmes
Souriantes plus haut que l'angoisse ou l'espoir,
Ô cygne, lieu réel dans l'irréel eau sombre,
Ô source, quand ce fut profondément le soir !

Il semble que tu connaisses les deux rives,
L'extrême joie et l'extrême douleur.

Là-bas, parmi ces roseaux gris dans la lumière,
Il semble que tu puises de l'éternel.

YVES BONNEFOY

109

UNE PIERRE

Il désirait, sans connaître,
Il a péri, sans avoir.
Arbres, fumées,
Toutes lignes de vent et de déception
Furent son gîte.
Infiniment
Il n'a étreint que sa mort.

YVES BONNEFOY

110

SOIS TRANQUILLE...

Sois tranquille, cela viendra !, Tu te rapproches,
tu brûles ! Car le mot qui sera à la fin

du poème, plus que le premier sera proche
de ta mort, qui ne s'arrête pas en chemin.

Ne crois pas qu'elle va s'endormir sous des branches
ou reprendre souffle pendant que tu écris.
Même quand tu bois à la bouche qui étanche
la pire soif, la douce bouche avec ses cris

doux, même quand tu serres avec force le nœud
de vos quatre bras pour être bien immobiles
dans la brûlante obscurité de ses cheveux,

elle vient, Dieu sait par quels détours, vers vous deux,
de très loin ou déjà tout près, mais sois tranquille,
elle vient : d'un à l'autre mot tu es plus vieux.

PHILIPPE JACCOTTET

111

SOL DE LA MONTAGNE

Le courant force

se risquer dans le jour
comme dans l'eau
froide et blanche

dure
pour le motocycliste

comme un couteau déplacé par le souffle

les montagnes sortent à peine de terre

quand la route casse
je change de pied

elle est couverte de neige.

ANDRÉ DU BOUCHET

112

EN PLEINE TERRE

En pleine terre
les portes labourées portant air et fruits
ressac
blé d'orage
sec
le moyeu brûle
je dois lutter contre mon propre bruit
la force de la plaine
que je brasse
et qui grandit

tout à coup un arbre rit
comme la route que mes pas enflamment
comme le couchant durement branché
comme le moteur rouge du vent
que j'ai mis à nu.

ANDRÉ DU BOUCHET

113

J'étais l'objet d'une question qui ne m'appartenait. Elle
était là, ne se posait, m'appelait par mon nom, doucement,
pour ne pas m'apeurer. Mais le bruit de sa voix, je n'avais
rien pour en garder la trace. Aussi je la nommais absence,
et j'imaginais que ma bouche (ou mes mains) allait saigner.
Mes mains demeuraient nettes. Ma bouche était un caillou
rond sur une dune de sable fin : pas un vent, mais l'odeur
de la mer qui se mêlait aux pins.

ROGER GIROUX

114

La ligne sinueuse et boisée d'une colline. Trois maisons
où l'on se repose, le soir. L'espace d'une rivière que bordent
des jardins. Puis le ciel, presque blanc.

Et tel est mon exil : cette page où s'impriment les pas d'un géant qui sommeille.

ROGER GIROUX

115

GRAND VENT

Nous n'appartenons qu'au sentier de montagne
Qui serpente au soleil contre la sauge et le lichen,
Et s'élance à la nuit, chemin de crête,
À la rencontre des constellations.
Nous avons rapproché des sommets
La limite des terres arables.
Les graines éclatent dans nos poings.
Les flammes rentrent dans nos os.
Que le fumier monte à dos d'hommes jusqu'à nous !
Que la vigne et le seigle répliquent
À la vieillesse du volcan !
Les fruits de l'orgueil, les fruits du basalte
Mûrissent sous les coups
Qui nous rendent visibles.
La chair endurera ce que l'œil a souffert,
Ce que les loups n'ont pas rêvé
Avant de descendre à la mer.

JACQUES DUPIN

Cependant ils mouraient par paquets comme des algues
    à marée basse
Ils mouraient par grappes comme la vigne dans la cuve
Ils mouraient comme des méduses sur la grève
Comme si les germains les frères n'étaient nés
Que pour inventer ces neuves hécatombes
Une incroyable façon de nous faire mourir

Les cantonniers aux yeux de nuit et de brouillard
Carbonisèrent les tas de peaux mortes
En novembre parmi les déchets des marronniers

Et partout
La Hesse la Bavière et la Saxe et la Prusse
Où les villages ont des noms de charnier

MICHEL DEGUY

117

ROI SOLEIL

Quand le roi se levait de bonne heure
Marchait au fond dans l'eau du matin

Le scaphandre aux souliers de soie
Longe les combles poissonneux
Hante les palais démâtés
Dans l'aube dorée sans courant
Luit un banc d'ardoises squameuses

La vase et l'épave le roi rêve
De les quitter si haut qu'il connaisse
À l'autre bord du jour transparent
Le pêcheur rouge penché qui verse
Au fond ses hameçons de lumière

MICHEL DEGUY

118

Château de Breeze du côté de la Beauce où je n'allais pas
La harde des vents dans les orges
Et les urnes des buis près des tombes
Les murs chaulés rose ou jaune
Pareils à des miroirs déjà traversés
Les bruits proches trop forts pour l'oreille
Frémissements dans les repères...

Si le ponton de la terre oscille
Le poète tangue comme un mousse

MICHEL DEGUY

la vie comme un champ inégal
                              gal
                                   et le champ
comme un infirme qu'on porte au soleil
                                        leil
                                              et le soleil
comme une borne où la terre vient virer
                                         rer
                                               et la terre
comme le texte qu'un myope ajuste à ses yeux
                                              yeu
                                                   et

comme la vie

MICHEL DEGUY

120

L'adrénaline
Le dindon
Valse-risette
Le numéro 32 de la planche c'est « la prune Monsieur-
    Hâtif »

Il mourut sans avoir terminé son traité de chirurgie
Substantivement et au féminin d'archéologue
On utilise quatre catégories de ponceuses
Dont le nom ne s'applique plus qu'au pays
Habité par les souabes
Le nom vulgaire de la fétouque dorée m'échappe
Grand tambour des nègres d'Afrique
Bédarrides
Cette ode entre parenthèses raccommodée
Plus loin Boileau

DENIS ROCHE

121

Avant d'entrer complètement dans son bain elle
Touchera de nouveau l'isolateur on n'est jamais
Assez secouru au cours de la galerie
Ni ne sentit à vrai dire le danger
S'observant en femme assise devant la cuve
La partie la plus tendre est en plongée
Et l'or en fait surgir du vivant qu'elle pourrit
Avant d'avoir su ce qui convient à la gentillesse
De sa langue rose à la noix
Dans laquelle grille l'écho tout habillé
Oh plan secret là tu me reçois sans dissimuler
Qu'une certaine colère ne nuit pas
Aux couleurs du surnaturel

DENIS ROCHE

Très gâtés chez eux en fait de paysages de ce genre
Mais du monde même de la naissance au génie occulte
Capitaine guerrier noir ? Dito dieu de la guerre où
Qu'il s'agisse de capes de bouteilles ou de canots en
Petit nombre les mains en effet sont un instrument et
Ici elle était montée directement dans sa chambre elle
Qu'il s'agisse de la bien-aimée à la recherche d'abris
Ou bien le torse si évocateur de tes voluptueuses
Comme aussi par les mouvements de ces corps par ce que
Quelques cavaliers sans bagages qui s'en allaient dans
Le large des champs cent ou un millier les orchidées
Lasses font tomber à terre ce gigantesque chapeau du
Crâne à la quête des simples fleurs qui t'ornaient si
Ce goût violent pour les ténèbres communiquant les
Vertus que je découvre et où se retrouve cette qualité
Au moins le service d'étouffer cet instinct physique
C'est bien vous serez toujours mon ange tutélaire quel
Loisir et criblaient de battements furieux et d'ongles
Balafrant je ne sais combien ces sensations peu connues
Vous voir pour vivre et qu'un mot que tu griffonnerais
Laure me mette un jour au sommet des mamelons boisés

DENIS ROCHE

123

DÈS SON ENTRÉE ELLE VA
ME RÉPONDRE QU'ELLE

Dès son entrée elle va me répondre qu'elle
Me dire l'état d'horreur, ravissante mais qu'elle
Dérobée ; par contre son étouffement humain
« Nous mettez le couteau sur la gorge », il
La reprend avec la conscience de la butter, de la
Cogner contre le bois, de la lécher, calmée
Parce que les gargarismes peuvent calmer les
Lettres mauvaises, barbe éhontée et enfin d'
Autres nouvelles. Cœurs de mécomptes qui survivez
Dès son petit doigt... » Dans son veuvage qu'une
Histoire morale intervenue, qu'enfin à
Temps, ayant créé un bureau de relations pu-
Bliques, elle allait se lancer dans le coma.

DENIS ROCHE

124

MORT D'UN POÈTE

À Henri Sylvestre

On lit, dans une étude sur la poésie,
Que les poètes obsédés par la mort aujourd'hui
S'inspirent de la tradition germanique.
Cette remarque est une fleur séduisante de la culture,
Mais les sentiers de sa peur n'étaient pas fleuris,
Ils serpentaient autour d'une obscure caverne
Avec sa litière de fumier d'homme et d'os,
Et jamais nul soutien, nul appel ne lui vint
D'aucune tradition germanique ou autre, non,
Il travaillait sous la menace d'une primitive massue.
Ainsi *meurs* fut le sens brutal de la langue étrangère
Qu'il traduisit tant bien que mal dans le goût de l'époque,
Rêvant parfois qu'un dieu lettré, par égard pour cette
    agonie,
Établirait son nom dans l'immortalité des livres.
Mais retenu du côté des sordides ancêtres,
Ignorant l'art du feu, dans la caverne il était seul
À savoir qu'il devait mourir de la même mort que les
    mots, les astres et les monstres.

JACQUES RÉDA

MATIN D'OCTOBRE

Lev Davidovitch Bronstein agite sa barbiche, agite
Ses mains, sa chevelure hirsute ; encore un peu, il va
Bondir de son gilet et perdre ses besicles d'érudit,
Lui qui parle aux marins de Cronstadt taillés dans le bois
    mal
Équarri de Finlande, et guère moins sensibles que
Les crosses des fusils qui font gicler la neige sale.
Il prêche, Lev Davidovitch, il s'époumone, alors
Que sur le plomb de la Néva lentement les tourelles
Du croiseur *Aurora* vers la façade obscure du
Palais d'Hiver se tournent.

                Quel bagou ; quel ciel jaune ;
Quel poids d'histoire sur les ponts déserts où parfois ronfle
Une voiture aux ailes hérissées de baïonnettes.
À Smolny, cette nuit, les barbes ont poussé ; les yeux,
Brûlés par le tabac et le filament des ampoules,
Chavirent, Petrograd, devant ton crépuscule, ton silence
Où là-bas, au milieu des Lettons appliqués et farouches,
Lev Davidovitch prophétise, exhorte, menace, tremble
Aussi de sentir la masse immobile des siècles
Basculer sans retour, comme les canons sur leur axe,
Au bord de ce matin d'octobre.

                (Et déjà Vladimir

Ilitch en secret a rejoint la capitale ; il dormira
Plus tard, également grimé, dans un cercueil de verre,
Immobile toujours sous les bouquets et les fanfares.
Cependant Lev Davidovitch agite sa tignasse,
Rattrape son lorgnon,
                            – un peu de sang, un peu de ciel
Mexicain s'y mélangeront le dernier jour, si loin
De toi boueux octobre délirant au vent des drapeaux
    rouges.)

JACQUES RÉDA

126

RUE VOLTA

La petite échoppe ancienne
au cinq de la rue Volta
rareté électricienne
dont le nom s'égara là
garala garala
garala pile à Volta

RAYMOND QUENEAU

127

MAIS S'ARRÊTANT SOUDAIN...

Mais s'arrêtant soudain
Parce qu'on les commande
Sans que je sache qui
S'arroge d'ordonner,

Réclamés et niés
Parce que je regarde,
Impuissants à compter
Le dernier livre ouvert,

Les mots qui fêleront ;
Par trop de méfiance
L'espace et le jardin
Que j'offre à leur courroux

Relatent — c'est leur droit —
Ce qu'ils sont parmi nous.

JEAN TORTEL

*Le 128ᵉ poème (129ᵉ en fait) de ce choix est un fragment de la première partie d'*État, *d'Anne-Marie Albiach.*

CORTÈGE

Non.   la musique nous concerne

avenue elle offre

de sa poitrine à la taille

ceinte.

SOURCES

Sauf indication contraire, tous les ouvrages cités sont parus dans la collection de poche Poésie des Éditions Gallimard.

GUILLAUME APOLLINAIRE	*Alcools*
1 Le pont Mirabeau	p. 15-16
2 Les colchiques	33
3 Annie	38
4 Marizibill	51
5 L'émigrant de Landor Road	85-87
6 Cors de chasse	135
7 L'écrevisse	166
8 La carpe	167

GUILLAUME APOLLINAIRE	*Calligrammes*
9 Les saisons	104-105
10 La jolie rousse	183-184

BLAISE CENDRARS	*Au cœur du monde*
11 Réveil	10-11
12 Lettre	13
13 Bilbao	15
14 Bleus	29
15 Orion	34
16 Vie dangereuse	76
17 Pernambouco	78-79
18 Fernando de Noronha	84
19 L'oiseau bleu	87
20 Pourquoi	87-88

LECTURES

Sauf indication autre, tous les ouvrages cités dans cette liste sont publiés dans la collection de poche Poésie des Éditions Gallimard.

Guillaume Apollinaire : *Alcools*.
Guillaume Apollinaire : *Calligrammes*.
Blaise Cendrars : *Au cœur du monde*.
Pierre Reverdy : *Plupart du temps*.
Tristan Tzara : *Œuvres complètes, I* (Éd. Flammarion).
Benjamin Péret : *Le grand jeu*.
Louis Aragon : *Le mouvement perpétuel*.
Paul Eluard : *Capitale de la douleur*.
Robert Desnos : *Corps et biens*.
Robert Desnos : *Destinée arbitraire*.
Philippe Soupault : *Georgia*.
Georges Limbour : *Soleils bas*.
Antonin Artaud : *L'ombilic des limbes*.
René Daumal : *Le contre-ciel*.
Roger Gilbert-Lecomte : *Œuvres complètes, II* (Éd. Gallimard, 1975).
René Char : *Fureur et mystère*.
René Char : *Recherche de la base et du sommet*.
Pierre Morhange : *Poètes d'aujourd'hui 268* (Éd. Seghers).
Louis Aragon : *Le crève-cœur*.
Paul Eluard : *Au rendez-vous allemand* (Éd. de Minuit, 1946).
Max Jacob : *Le cornet à dés, II*.
Paul Valet : *Les poings sur les i* (Mercure de France).
Pierre Jean Jouve : *Œuvre, I* (Mercure de France).
Pierre Jean Jouve : *Les noces*.
Henri Michaux : *Plume*.

Henri Michaux : *La nuit remue.*
Pierre Morhange : *La vie est unique* (Éd. Gallimard).
Francis Ponge : *Le parti pris des choses.*
Guillevic : *Terraqué.*
Jean Follain : *Usage du temps.*
Jean Follain : *Exister.*
André Frénaud : *Il n'y a pas de paradis.*
Max Jacob : *Le cornet à dés, II.*
Jean Giraudoux : *Suzanne et le Pacifique* (Éd. Gallimard).
Robert Desnos : *Fortunes.*
Raymond Queneau : *L'instant fatal.*
Raymond Queneau : *Œuvres poétiques* (Gallimard, Bibl. de la Pléiade).
Jean Tardieu : *Un mot pour un autre* (Éd. Gallimard).
André Frédérique : *Histoires blanches* (Éd. Plasma).
Jacques Prévert : *Paroles* (Éd. Gallimard).
Norge : *Poésies.*
Boris Vian : *Chansons et poèmes* (Cercle du livre précieux).
Jacques Bens : *Chanson vécue* (Éd. Gallimard).
Jean-Paul de Dadelsen : *Jonas.*
Yves Bonnefoy : *Poèmes.*
Philippe Jaccottet : *L'effraie et autres poésies* (Éd. Gallimard).
André du Bouchet : *Dans la chaleur vacante.*
Roger Giroux : *L'arbre le temps* (Mercure de France).
Jacques Dupin : *L'embrasure.*
Michel Deguy : *Poèmes.*
Denis Roche : *La poésie est inadmissible* (Éd. du Seuil).
Jacques Réda : *Amen, récitatif.*
Raymond Queneau : *Courir les rues.*
Jean Tortel : *Relations* (Éd. Gallimard).
Anne-Marie Albiach : *État* (Mercure de France).

II. DADAS, SURRÉALISTES

III. POÉSIE DANS LA GUERRE

IV. TRENTE, QUARANTE, etc.

V. LES FINS PROVISOIRES

Une anthologie de poésie contemporaine

Avec dans la tête la formule de Paul Eluard : « le meilleur choix de poèmes est celui que l'on fait pour soi », donner à lire aux jeunes, sans a priori, sous la forme la plus accessible, en édition de poche de 128 pages, quatre anthologies de la poésie du siècle, telle était la règle du jeu soumise à quatre poètes parmi les plus marquants d'aujourd'hui.

Faire ce pari pour le Centre de promotion du livre de jeunesse, c'est mettre en relation les enfants et les jeunes avec l'avenir de la langue et sa mémoire.

Chaque poète est entré dans le jeu avec passion. Le parcours de Jacques Roubaud se confronte, dans trois autres ouvrages, à ceux de Bernard Chambaz, Marie Étienne et Emmanuel Hocquard. Passeurs d'une poésie vivante, leurs lectures multiples sont données en partage. Leurs voix singulières et exigeantes agissent comme des révélateurs.

Face à l'inconnu, à l'incompréhensible, les jeunes n'ont pas forcément d'hostilité. Pour les accompagner dans leur désir de lire, nous avons toujours fait confiance à leur esprit de curiosité. Gageons qu'ils s'aventureront sur les chemins tracés par les poètes.

Les quatre anthologies, publiées à l'initiative du Centre de promotion du livre de jeunesse, à l'occasion du 11ᵉ salon du livre de jeunesse en Seine Saint-Denis tourné cette année vers la poésie, n'auraient jamais vu le jour sans l'engagement et la confiance des poètes et de leurs éditeurs. Qu'ils en soient ici vivement remerciés.

HENRIETTE ZOUGHEBI
Directrice du Centre de promotion
du livre de jeunesse — Seine Saint-Denis

Une anthologie de poésie contemporaine

Sur une idée de :

HENRIETTE ZOUGHEBI
*Directrice du Centre de promotion
du livre de jeunesse — Seine Saint-Denis*
Secrétariat de rédaction : Martine Bardol

JACQUES ROUBAUD

*Cent vingt-huit poèmes composés en langue française
de Guillaume Apollinaire à 1968*
(Gallimard)

BERNARD CHAMBAZ

C'est tout comme
(Flammarion)

MARIE ÉTIENNE

Poésies des lointains
(Actes Sud)

EMMANUEL HOCQUARD

Tout le monde se ressemble
(P.O.L.)

Composé et achevé d'imprimer
par l'Imprimerie Floch
à Mayenne, le 30 novembre 2000.
Dépôt légal : novembre 2000.
1ᵉʳ dépôt légal : novembre 1995.
Numéro d'imprimeur : 50187.
ISBN 2-07-040000-X / Imprimé en France.